山田方谷ゼミナール Vol. 6

方谷研究会 編

吉備人出版

表紙の写真（紙本著色山田方谷像）

山田方谷の姿を今日に伝えるものは、画像や木像のみしかない。この像は、洋画家平木正次の描いた画像を手本にしたものと考えられている。作者は、高梁出身の日本画家小倉魚禾で、高梁方谷会の所蔵品となっており、同会の総会の際に祭壇に掲げられている。なお平木の描いた方谷の画像も、方谷生前に描いたものではなく、備中松山藩の絵師間野秋岳の手による墨画などを参考にし、さらに門人から話を聞きながら作成したと伝えられている。

文責：横山定　　（高梁方谷会所蔵、高梁市歴史美術館提供）

裏表紙の写真（松山藩藩校・有終館跡：高梁市中之町）

山田方谷が会頭、学頭となった有終館の跡地。現在は高梁市立高梁幼稚園となり、当時の建物は残っていない。今は方谷が植えたと伝えられる松から当時の面影をしのぶのみである。

文責：横山定

巻頭言

石井　保
（高梁方谷会副会長
方谷研究会顧問）

戊辰の役一五〇年　―明治維新一五〇年―

政治から引退し、長瀬塾（高梁市中井町）で教育に専念していた山田方谷が幕末・維新には、平和を念じ、門下生とともに動いた。

慶応四年一月三日、鳥羽伏見で幕府軍と討幕軍の戦が開始され、旧将軍徳川慶喜は一月六日江戸へ帰任し、旧老中首座備中松山藩主板倉勝静は将軍と行動をともにした。命により、備中松山藩領玉島を目指した熊田恰率いる藩士一五〇余人は一月九日大阪港を出発し一月一七日全員玉島港へ到着した。その間、備中松山藩では一月一四日大評定が開かれ、抗戦・降伏をめぐり激論が闘わされた。顧問山田方谷は門下生の連絡により会議に加わり会議は遂に「恭順」にまとまり、あとの征討軍との接渉は主として大石隼雄・三島中洲・横屋譲之助が当たった。一月一八日岡山藩から嘆願書の原案が示され、その中に「大逆無道」の四文字があり、これを「軽挙妄動」に改めるとの懇請を受け大石、三島、横尾は命を懸けた方谷の想い、藩士の決意を知り、声涙ともに下り、懸命に訴え続けた。岡山藩は遂に意を請け入れ、大逆無道は軽挙妄動に改められた。

熊田恰は藩士一五〇余人の助命を願い、その嘆願書の作成を川田甕江に依頼し、新陰流指南の該当藩民に太刀目録を授与し、一月二二日従容と死についた。

一月一八日備中松山城は無血開城され、征討軍は前線基地美袋から野山（吉備中央町）を通り備中松山城へ入った。その時初めて錦旗二流が城下を通過した。二月一五日には征討軍は進軍し、四月一一日には江戸城が無血開城された。

続いて、四月一六日には北越戦争が開始され、越後長岡城は落城、河井継之助は藩兵数百人とともに加茂に集結し城を奪還するも遂に落城。明治元年（一八六八）九月二二日（慶応四年九月八日、明治と改元する）会津若松城の落城、九月二七日奥羽連合が降伏し、戦は北海道函館に移る。板倉勝静は明治二年（一八六九）四月二三日函館から奥州に脱出し、二九日仙台へ到着する。五月一八日には榎本武揚らが降伏し、戊辰戦争は終わる。

以後日本は鍛錬され、卓越した頭脳に幅広い見聞を加え近代国家に向かって歩みを続けることになる。

目次　山田方谷ゼミナール6

巻頭言

石井　保（高梁方谷会副会長、方谷研究会顧問）……3

研究会報告論文

安政の大獄と山田方谷……8
朝森　要（方谷研究会長）
山田方谷と福西志計子……20
児玉　享（高梁方谷会副会長、方谷研究会顧問）
山田方谷の陽明学について……30
吉田公平（東洋大学名誉教授）

研究ノート・史料紹介

晩年の山田方谷とその子女―主に書状による再検討を中心に―……35
森　俊弘（方谷研究会会員）
山田方谷と関藤藤陰の交流……56
山本邦男（山田方谷に学ぶ会会員、方谷研究会会員）

エッセイ・探訪

備前・蕃山の「方谷先生旧廬址」の「廬」をめぐって …… 73
片山純一（方谷研究会代表）
河井継之助と外山脩造の足跡をたずねて …… 83
高橋義雄（方谷研究会理事）
山田方谷没後一四〇年特別展「ほうこく先生が子どもたちへ伝えたいこと」を開催して …… 90
明石英嗣（吉備路文学館館長、方谷研究会理事）
山田方谷の「漢詩鑑賞」（第2回） …… 93
森　熊男（方谷研究会顧問）

書評

『龍が哭く―河井継之助―』秋山香乃・ＰＨＰ研究所（石井　保） …… 95
『義の人西郷隆盛 誠の人山田方谷』みのごさく・幻冬舎メディアコンサルティング（片山純一） …… 97
『藩の借金２００億円を返済し、２００億円貯金した男、山田方谷』皆木和義・柏書房（片山純一） …… 97
方谷研究会役員会の報告 …… 101
編集後記 …… 105

研究会報告論文

安政の大獄と山田方谷

朝森　要
（方谷研究会会長）

一　はじめに

慶応三年（一八六七）一〇月一四日将軍徳川慶喜は大政奉還の上表文を朝廷に提出して、政権を返上することを申し入れ、翌日許可された。この時討幕の密勅が薩長両藩に対してひそかに出されたが、朝廷が大政奉還を許可したことで、薩長両藩の武力討幕の大義名分は失われることとなった。

こうした状勢の中で、一二月八日に巻き返しをはかる薩長両藩の画策によるクーデターで王政復古の大号令が出され、将軍慶喜の辞職の正式許可、幕府の廃止となり、天皇を中心とする新政府が樹立された。かかる事態にたちいたったのはいかなる理由によるものかを考察するとともに、このことは大老井伊直弼による安政の大獄にその遠因があったという視点から、以下若干の考察を加えてみたい。

二　王政復古の大号令

一二月九日明治天皇の親臨のもとに次のような王政復古の大号令が出され、大名会議をへることなく、一方的に新政府の体制が決せられた。

徳川内府従前御委任大政返上、将軍職辞退之両条、今般断然被二聞食一候。抑癸丑以来未曽有之国難、先帝頻年被レ悩二宸襟一候次第、衆庶之所レ知候。依レ之被レ決二叡慮一、王政復古、国威挽回ノ御基被レ為レ立候間、自今摂関・幕府等廃絶、即今先仮ニ総裁・議定参与之三職被レ置、万機可レ被レ為レ行、諸事神武創業之始ニ原キ、縉紳・武弁・堂上・地下之無レ別、至当之公議ヲ竭シ、天下ト休戚ヲ同ク可レ被レ遊叡慮ニ付、各勉励、旧来驕惰ノ汚習ヲ洗ヒ、尽忠報国之誠ヲ以テ可レ致二奉公一候事。

（以下略）（『法令全書』）

王政復古の大号令に「諸事神武創業之始ニ原キ」とあるが、これは諸事を朝廷の主導権のもとに王政復古を実現することを意味したもので、極めて注目される点である。この前提として「癸丑以来未曽有之国難」となっている点もあわせて注目される点である。

「癸丑」とは、嘉永六年（一八五三）のことで、この年アメリカ東インド艦隊司令長官ペリーが遣日特使として浦賀に来航して、大統領の国書を提出して日本の開国を迫っているが、このこと以来が「未曽有之国難」であったのである。

いったん退去したペリーは翌安政元年（一八五四）一月再び来航して条約の締結を迫った。時の老中阿部正弘は、開国問題について朝廷に報告するとともに、前例を破って諸大名にもその意見を求めた。このことは朝廷の政治的発言、諸大名の幕政関与という重大な結果を招き、幕政を転換させる契機となったのである。結局、ペリーが条約の締結を強硬に迫ったので、幕府はその威力に屈して日米和親条約を同年結び、長年にわたる鎖国政策に終止符を打つにいたった。

三　安政の大獄

安政三年（一八五六）日米和親条約により下田駐在の総領事として来日したハリスは、日米和親条約が開国には応じるが、通商は認めないというような内容であったので、通商条約の締結を求めた。ハリスとの交渉にあたった老中堀田正睦は、条約調印の勅許を求めたが、朝廷では攘夷の空気が強く、なかなか孝明天皇の勅許は得られなかった。

ハリスとの通商条約交渉が進められていた頃、資質凡庸で難局を処する才能を欠き、その上病弱で世嗣の子がなかった将軍家定であったことから、将軍継嗣問題が、幕末政治史上の重大問題と化し、時艱の加重にともなって、遂に幕府対諸侯・有司間の公然たる政治問題となった。

当時種々の点から考慮して将軍継嗣の有力候補者となりえた者は、家定と従弟関係にあった紀州藩主徳川慶福であり、その対抗馬は、前水戸藩主徳川斉昭の子で英明の聞こえ高い一橋慶喜であった。慶福は血統の上から言えば、当然継嗣に推戴せらるべき立場にあったが、難局の処理という点からすれば、英明の聞こえ高く、かつ年長である慶喜を適任とした。かくして慶福を擁立する紀州派と慶喜を擁立する一橋派とが対立し、ハリスの要求する通商条約の勅許問題と将軍継嗣問題があい錯綜して幕政は混乱をきわめた。慶喜継嗣には斉昭に対する反感から大奥をはじめ諸侯の間に強い反対があり、その上、溜間詰の代表的人物たる彦根藩主井伊直弼は

天下之治平は大将軍家之御威徳ニ有レ之ニ而、賢愚ニ而已有レ之儀ニ而は無二御座一候、是実ハ皇国之風儀ニし而、外国と異る処ニ御座候、然ルニ今御血脈近キ御方ヲおきて、発明之方ニと申候ハ、外国流ニして、正統ヲ可二尊信一皇国之風儀には無レ之事（『井伊家史料』）

と血統の上から紀州藩主徳川慶福を擁立し、大奥の支持を得て紀州派の勢力は幕府内に隠然たる勢力を占めた。勿論この継嗣問題には、「此節柄ニ付明君ヲ立可レ申と、下ゟ上ヲ撰ミ候は、全く唐風之申もの、況ヤ我身之為ニ勝手ケ間敷、御撰出申訳曽而無レ之事、不忠之至りニ候」（『井伊家史料』）と直弼の指摘するが如く、一橋派のねらいの主眼が、自派に好都合な将軍を推戴し、幕政に参与する手掛かりを求めたことにあったことは注目されるべき点である。

安政五年（一八五八）四月紀州派の大奥への策動と老中松平忠固の奔走により、世人驚異のうちに、直弼が突如として大老職に就任した。直弼は大老に任命されると直ちに、老中・若年寄等と条約調印につき評議を行い、結局、「一時姑息之権策を以、調印延期之談判に及ひ、彼（筆注・ハリス）か急迫之督促を緩め、後日之処置可レ有レ之」（『幕末維新外交史料集成』第二巻）と衆議一決し、未だ条約勅許がなかったのでやむなく、ハリスとの交渉により条約調印期日を延期し、もって時を稼ごうとした。しかしハリスが、アロー戦争の結果清国に勝利したイギリス・フランス連合艦隊の来航以前に条約に調印することが日本にとって得策であることを勧説したので、井伊大老は、成丈け延期につとむべしとして、調印することを容認した。

六月に調印された日米修好通商条約[1]は、下田・箱館の外、神奈川（のち横浜）・長崎・新潟・兵庫の開港と、江戸・大坂の開市を定め、自由貿易をうたったものであった。そして、アメリカに領事裁判権（治外法権）と片務的最恵国待遇を認め、日本に関税自主権がないという条項を含み、さらに日本が自主的に改正できないという不平等条約であった。幕府は次いでオランダ・ロシア・イギリス・フランスとも同様の条約を結んだ。条約は五カ国と結ばれたことから安政の五カ国条約とも呼ばれる。日米修好通商条約に違勅調印をした井伊大老は将軍継嗣問題についても、徳川慶福（のち一四代将軍家茂）を将軍継嗣に決定することで、一挙に両問題を決着した。

これ以後、条約無勅許問題をめぐって朝幕間の対立はいよいよ激化し、朝廷は言うまでもなく、一橋派諸侯はこぞって井伊大老の専断を非難するにいたった。孝明天皇は、幕府の無断調印の報を得て殊の外逆鱗して、条約は「神州の瑕瑾」として譲位の旨を仰せ出された。一橋派は不時登城して直弼の違勅を責め、違勅問題を突破口として継嗣問題を有利に展開しようとしたが、不時登城の翌日予定通り、慶福将軍継嗣は公表され、後日慶福は名を家茂と改めた。

八月幕府および水戸藩に勅諚が下された。勅諚は、（一）幕府の条約無勅許調印、（二）三侯譴罰の処置に対する不満、（三）列藩合議＝公武合体を表明するものであったが、水戸藩には諸大名の筆頭なるを理由に

　勅諚之趣被㆓仰進㆒候、右ハ国家之大事ハ勿論、徳川家ヲ御扶助之思召ニ候間、会議有㆑之、御安全之様可㆑有㆓勘考㆒旨、出格之思召被㆓仰出㆒候間、猶同列之方々三卿家門之衆以上隠居ニ至迄、列藩一同ニも御趣意被㆓相心得㆒候様、向々江茂伝達可㆑有㆑之被㆓仰出㆒候、以上（『九条尚忠文書』）

と別紙が添えられたが、これが水戸藩のみに下された別勅、または内勅と称するものである。

この別勅が井伊政権にとって如何に認識されるものであったかについてみると、井伊大老の公用人宇津木六之丞が関白九条尚忠の家臣島田左近に宛てた書翰によると、

殊ニ御慎中之水戸殿へ殿下（筆注、尚忠）御承知も無レ之勅定被レ下候段ハ、御間違之筋ニて主人（筆注、直弼）ニも当惑被レ致、水戸殿より勅諚之趣列藩へ御達ニ相成候時ニハ、将軍家之御権威二ツニ相成候道理、忽国家惑乱之萠ニ付、（中略）証（征）夷之御威権軽々相成候時ニハ、天子之御威光ニ拘り候と申議御心付無レ之哉ト、主人ニも長歎被レ致候義、右様之事増長致候てハ実ニ争乱之基ニ付、（『井伊家史料』）

というにあった。つまり水戸藩が別勅に基づいて勅諚の趣を列藩に達した時には、将軍家の権威が二つになる道理になり、忽ち国家惑乱の萠になると認識されていたのである。水戸藩への勅諚降下という事件が井伊政権に与えたショックは誠に大きく、それが安政の大獄を惹起したという点において、水戸藩への降勅は幕末政治史上において、大きな意義をもっていたと言わざるをえない。

勅諚降下の真相を探究すべく直弼の命を受けて上京した懐刀の長野主膳は、井伊大老排斥の空気が濃厚であることを知り、威圧的手段をもってこれを弾圧しようとして、京都所司代酒井忠義の公用人三浦七兵衛を通じて梅田雲浜等の逮捕につきその決断を促した。かくて弾圧は翌安政六年（一八五九）にかけて行われ、京都・江戸で多数の宮・公卿・諸侯・有司、志士・浪士が処罰された。これが世に言う安政の大獄である。初め井伊大老はその弾圧を志士だけにとどめて、朝臣に及ぶことは「公儀の御失徳を万代に流し候義」なるを理由に、成丈け未然に防ごうとしたが、長野主膳や九条家家臣島田左近が、朝臣・志士等の行動を誇張潤飾して報道したので、ついにその態度を一変し、上述の如き広範囲な弾圧を加えたのである。

この時、五手掛として吟味にあたった寺社奉行板倉勝静は寛典論を主張し、「今回ノ事、将軍ノ継嗣及

ビ互市ノ件ニ本ヅケリ。今二件皆大老ノ意ノ如シ、宜シク一二罪魁ヲ罰シ、余ハ不問ニ置クベシ、然ラズンバ人心睽離シ、禍測ル可カラザラン」（『山田方谷全集』第一冊）と述べて井伊大老と対立し、寺社奉行を免じられている。これより先、勝静は党獄を熄むるゆえんを苦慮して、書翰を山田方谷に送りその策を問い、方谷はこれに答えて古今党議の禍及びその禍を鎖するゆえんの方法を具陳している。方谷は勝静の退職については、「一己の御忠誠は十分被レ為レ立候儀に御座候」（『山田方谷全集』第二冊）と、勝静に答申している。

意中の人物をもって構成された五手掛の評決が一、二等加重され、切腹・死罪・獄門の極刑を科せられた者が八人に及ぶという秋霜烈日を極めるものとなった。[2] この中には吉田松陰・橋本左内・頼三樹三郎などが含まれていた。このような過酷な判決結果となったその間の事情については、前福井藩主松平慶永が明治になって執筆した『逸事史補』によってうかがうことができる。

> 飯《（ママ）》塚喜内・安島・茅根・橋本其他有司の者捕縛、夫々穿議有レ之、町奉行所へも毎々被二呼出一、口書も相済ミ、奉行（町両奉行）・勘定奉行・大目付・目付・寺社奉行段々遂二評議一之所、さして格別の罪状も無レ之、乍レ去罪状なしとも難レ申、依レ之重刑ハ流罪、其外追放、永蟄居位にて刑事伺差出候処、老中も一見いたし、此位にて可レ然との評議相極り、大老掃部頭へ差出候処、少々考候義《（ママ）》も候間、一両日留置、尚以付札相下ケ可レ申との事。両三日経て、俄ニ掃部頭より付札に死刑とありて、一同心中驚愕せり。当時掃部頭ハ、飛鳥も落ちる程ノ勢故に、役人も、これを押返すこと不レ能して、惨酷ノ刑に処せられたり。（『松平春嶽全集』）

井伊大老によっていかに苛酷な判決となったかは、関係当事者が「一同中驚愕せり」の状態であったことによって知られる。

井伊大老による秋霜烈日の弾圧策は、幕政を安定させるどころか、かえって朝幕関係の悪化、雄藩の離反などを招き、幕府による水戸藩への勅諚返納問題も加わって井伊大老の襲撃事件となった。

万延元年（一八六〇）三月水戸・薩摩の浪士等は、江戸城桜田門へと登城途中の井伊大老を襲撃して暗殺した。安政の大獄で「御公儀」の権威は揺るぎないものと万人に考えられていたが、それも大老の井伊直弼が登城途中で暗殺されたことで、この事件は幕府権威の衰退の一大転機となり、以後の政局に大きな影響を与えることとなった。

四　文久の幕政改革

桜田門外の変後、老中安藤信正は、朝廷（公）と幕府（武）の融和をはかることによって幕政を挽回し、もって政局の安定を図ろうとする公武合体運動を進めた。そこで孝明天皇の妹の和宮を一四代将軍家茂の夫人に迎えた。しかしこの政略結婚は尊王攘夷論者の反発するところとなり、文久二年（一八六二）安藤信正は坂下門外で水戸浪士等に襲撃されて失脚した。このような事態のなかで外様の薩摩藩では、独自の公武合体の立場からこれを推進し、同年六月島津久光が勅使大原重徳とともに江戸に下り、幕政改革を要求した。幕府は薩摩藩の意向を入れて、将軍後見職に一橋慶喜、政事総裁職に松平慶永、京都守護職に松平容保を任命するとともに、西洋式軍制の採用、参勤交代制の緩和などの幕政改革を行った。この時幕閣の中心的存在となっていたのは、山田方谷をブレーンとする老中板倉勝静であった。大原勅使は在京の公家岩倉具視に書翰を送り、文中で次のように伝えている。

防州（筆注、板倉勝静）は随分可レ然、先常式対話、極意は不レ存候。用人山田安五郎、屹度したる人物の由、何事も之に由るか。（『山田方谷全集』第一冊）

と、方谷の役割を重視している。

一一月攘夷別勅使三条実美は、攘夷督促・親兵設置の勅書を将軍家茂に授けた。これに対して、家茂は、

勅書謹拝見仕。勅諚之趣奉レ畏候。策略等之儀者、御委任被二成下一候条、尽二衆議一、上京之上、委細可レ奉二申上一候。誠惶謹言

文久二年戊午一二月五日（『概観維新史』）

と、攘夷の叡旨を遵奉する旨を奉答した。これにより最も難問とされた攘夷決行を幕府は誓約させられた結果となり、ここに朝幕関係は一変することとなり、政局の中心は江戸から京都に移ったのである。

これより先の十一月幕府は

今度京都より厚御趣意を以、大赦被二仰出一候義も有レ之候ニ付而ハ、銘々領分等ニ於て、皇国之御為と存込、其所行法憲ニ触候而、死罪・牢死・流罪・幽閉等之者有レ之候ハヾ、其段委細取調、名前等認出候様可レ被レ致候、

右之趣、万石以上以下之面々江可レ被レ達候、（『昭徳院殿御実紀』）

と、朝旨を奉じて大赦の令を出し、先ず安政の大獄で倒れた橋本左内・吉田松陰・頼三樹三郎の収葬建碑を許し、諸藩に対して国事に殉じた者、刑に服する者の姓名を報告させ逐次釈放した。次いで桜田門外の変の関係者水戸浪士らの赦免建碑を許した。(3)

五　むすび

日本がいぜんとして鎖国政策を堅持している間に、世界状勢は大きく変化していった。イギリスはいちはやく市民革命を達成し、産業革命を進めて資本主義体制をととのえていったが、その波は欧米諸国に及んだ。その結果、欧米列強は国外市場や植民地の獲得をめざして、特にアジアへの進出を開始するにいたった。鎖国体制下にあった日本へ帝国主義への移行の前夜にあった先進資本主義列強が接近するようになった背景には、このような世界状勢があったのである。

日本の開国に先鞭をつけたのはアメリカであった。幕府がアメリカの威力に屈して日米和親条約を結び、次いでイギリス・ロシア・オランダとも同様の条約を結び、ここに日本の鎖国体制は崩壊した。

こうした対外的危機から派生した問題は、通商条約の勅許問題であり将軍継嗣問題であったが、両者はあい錯綜して幕政は混乱をきわめることとなり、そのことが安政の大獄となり、桜田門外の変となり、幕府権威衰退の一大転機となり、延いては大政奉還・王政復古となっていったと言えよう。ここに安政の大獄・桜田門外の変のもつ歴史的意義を認めることができよう。

【注】

(1)日米修好通商条約の締結による貿易の開始が、「幕末主要物価表」に見られるように物価の高騰を招き、下級武士・農民・都市貧民の困窮をさらに強め、下級武士の反幕的気運などを誘発して、幕府権威衰退とあいまって、以後尊王攘夷運動の激化となり、時局の切迫とともにこの運動は、尊王討幕運動へと進展していき、天皇親政の王政復古となり新政府が樹立されて長年にわたる徳川幕府の支配は崩壊した。

(2)文久二年（一八六二）江戸城坂下門へと登城途中の老中安藤信正が、水戸浪士に襲撃されて負傷するという事件が起こっているが、山田方谷はこの事件に関係して次のように述べている。

尚又閣老方も井伊侯（筆注、井伊大老）と申、又今般の事、僅の日本一国の御世話被レ成候とて、毎々あぶなき御事の有レ之も御構無レ之、扨々御物ずきの御事に御座候。此方共にて相考候へば、亜細亜一州の事たり共、御断に御座候。（『山田方谷全集』第三冊）

幕末主要物価表

年 ＼ 物品	白米１石	味噌	醤油１石
安政５年（1858）春	銀匁 126.0	銀匁 2.6	銀匁 82.6
安政６年（1859）	138.6	2.1	88.5
万延元年（1860）	146.5	3.5	95.1
文久元年（1861）	221.1	5.0	150.3
文久２年（1862）	158.9	4.7	133.5
文久３年（1863）	171.6	5.2	145.4
元治元年（1864）	188.9	5.9	153.2
慶応元年（1865）	304.6	6.1	283.8
慶応２年（1866）	278.5	16.9	351.0
慶応３年（1867）	1147.6	20.9	600.0

(3)安政の大獄で処置された者達が宥免される一方で、安政の大獄の関係者、通商条約の違勅調印関係の有司が追罰された。井伊大老の場合、その遺領の内一〇万石が削られている。

【主要参考文献】

東京大学史料編纂所編『大日本維新史料類纂之部井伊家史料』　東京大学出版会
維新史学会編『幕末維新外交史料集成』　財政経済学会
蘆田伊人編『松平春嶽全集』　松平春嶽全集編纂刊行会
早川純三郎編『九条尚忠文書』　日本史籍協会
『岩倉公実記』　皇后宮職御蔵版　岩倉公旧跡保存会
山田準編『山田方谷全集』　山田方谷全集刊行会
朝森要『幕末史の研究―備中松山藩―』　岩田書店
朝森要『備中聖人山田方谷』　山陽新聞社
朝森要『幕末の閣老板倉勝静』　福武書店
文部省『概観維新史』　維新史料編纂会編修　明治書院

山田方谷と福西志計子

児玉　享
（高梁方谷会副会長
方谷研究会顧問）

山田方谷

山田方谷は幕末、備中松山藩の財政改革を成功させた人物として有名であるが、そのための人づくりの功績も忘れてはならない。自分を人間としてすぐれたものにつくり、その後に藩士を育て、藩民に及ぼし、松山藩を人間的にも生活的にも豊かにしていったのが方谷である。

方谷は一四歳で母と、一五歳で父と死別したが、父の遺訓の「学問に励むこと、近隣の人と仲良くし、他の人と良く交わり、自分の利を重んじるために人を害することのないこと」を遵守した。五歳より師事した新見藩の丸川松隠も、かつて孝子として新見藩・幕府より表彰されたほどの人格者で、藩士教育と藩政の運営に勉め、人々を温かく見守り、育てていっている。この松隠の下で方谷は愛され育てられ、教えられて学問研究と人物がつくられていった。方谷は晩年の明治三年（一八七〇）、門人を伴って松隠先生の墓に詣でた時に、「日に添えて茂る葎をわけつつも君が教えの道は迷わじ」の歌を詠んでいる。松隠の、人を愛し、誠をもって身を処し、行動する経世済民の思想は方谷に引き継がれていった。

一六歳の方谷は親の死によって家業である菜種油の製造と販売を継いだが、学問は続けており、二一歳で藩主板倉勝職より二人扶持と有終館での学習が許された。やがて家業が暇になる時期をみて京都へ二度の遊学をし、帰ると苗字・帯刀、八人扶持で中小姓格を与えられ武士の身分となり、藩校である有終館の会頭（教授）に任命された。二七歳からは三度目の京都遊学、続いて江戸遊学で陽明学を佐藤一斎に学び、三二歳で帰郷すると有終館の学頭（校長）に任命され、六〇石と御前町の邸宅を与えられ、藩士の指導をした。その後学習意欲に燃える人々のため家でも塾を始めた。これは牛麓塾（舎）と呼ばれ、藩士の大石隼雄、川面の進鴻渓、倉敷中島の三島中洲など、常に数十人が学んでいた。

　この頃、方谷には板倉勝職の次の藩主となる板倉勝静の教育も任された。二人は『資治通鑑綱目』などの研究を通して、君主としてのありかたを討議している。勝静は向学心が強く、文武ともに精進し、夏の昼寝と冬の暖炉はしなかった人で、方谷の克己な生き方と相通じるものがあり、深く信頼しあったので「水魚の交わり」と言われた。

有終館跡

　勝静は藩主になると方谷を強引に元締（財務長官）につけたので、方谷は嘉永三年（一八五〇）から元締となり、わいろを禁止し、役人の行いを正し、きびしい倹約令によって支出をおさえ、借財返済の見通しをつけ、藩札を整理して信用を回復し、健全財政への道筋を創った。嘉永五年に撫育方を置き、収納米以外の一切の産物も扱って、利益を産業振興などの資金にした。この年には郡奉行も兼ねて地方政治全般を掌握した。賭博を厳禁して民政を安定させた。藩の防衛に心を砕いて洋式の軍備を取り入れ、農兵隊を組織し、東方の守りとして野山に在宅武士を置き、富国強兵の方策を実施していった。安政四年

（一八五七）には元締を退いて大石隼雄が後を継ぎ、方谷自身は相談役として継続して藩財政を指導し、前年に任命されていた年寄役助勤（重役）として藩政の実務を全力で勤めた。翌年から御勝手掛として財政や大事の決定には関与した。これらの改革は至誠惻怛（誠をつくし、人を思いやる心）で行った。この時までに借財はほゞ返して、新紙幣永銭による収入も含めて、撫育方にかなりのお金を蓄えることが出来た。文武を奨励したので、藩内には文字を知り、学ぼうとする空気が高まり、教諭所は3か所、寺子屋は二〇余カ所も出来た。第一次長州征討の時には農兵隊で藩の守りを固めていった。有終館や牛麓塾で育った人々は方谷と共に藩政発展のため活躍した。

藩財政が安定すると、藩主勝静は江戸幕府から寺社奉行を命ぜられ、最後には老中の筆頭になって幕府のために働き、大政奉還後も将軍について行動した。そのため、松山藩は新政府側から朝敵とされ、備前藩の支配下におかれたが、方谷は行方不明となった勝静の探索と藩の復活をめざして奔走した。やがて松山藩は板倉勝弼のもとで高梁藩と改名して再興され、勝静も函館から無事救出され、安中藩で謹慎に入ったので、方谷はやっと安心して政治から退くことが出来た。

明治維新以後の方谷は、新政府への出仕の誘いもあったが断り、教育に専念した。明治二年（一八六九）から生まれ故郷に近い長瀬（現方谷駅）で長瀬塾を開き、翌年一〇月からは母の故郷の小阪部（新見市大佐小阪部）で小阪部塾を開き、全国から集まった多くの弟子を教育し、人材の育成に熱中する毎日を送った。この両塾で学んだ谷資敬は、「英語を学習するなら聖書を読みなさい」という方谷の言葉を記憶している。方谷は当時日本に紹介された漢訳聖書を読破し、西欧の文化のもつ精神性を理解していたと考えられる。

方谷は陽明学者である熊沢蕃山を尊敬しており、その建策によって建てられた閑谷学校の再建を願い、明治六年以後春秋に出かけて陽明学を講義した。その行き帰りに美作地方に弟子が建てた知本館や温和館で教えている。慢性水腫に罹り、明治九年秋から病床に伏すことが多くなり、明治一〇年六月二六日に帰らぬ人となった。方谷は誠の心で藩政と教育を実践した。その心は隣家で育った福西志計子の心の中に育っていった。

福西志計子

福西志計子は弘化四年（一八四七）一二月、山田方谷の牛麓塾の隣家に生まれた。現高梁市御前町である。父福西郡左衛門（伊織）と母飛天の一人っ子である。牛麓塾で学び、のち代講まで勤めた三島中洲の書いた『順正女学校創立記念碑』を意訳すると、「私が少年で塾にあり、福西氏は乳飲み子であった。母と子は手を取り合い来て遊ぶ。書を読む声を聞くと喜び笑う。学校を創る志が比の時にきざしたかどうかは知らないが、孟母三遷の感に堪えず」とある。志計子は隣家の塾生の素読の声を聞きながら大きくなった。父は七歳の時亡くなり、母は実家の剣持家で志計子を育て、これからは女性も学問し、生活の技術を身につけねばならないと教え、儒学を学ばせ、裁縫の技術を教えたと思われる。一〇年後に井上助五郎と志計子を結婚させ、彼を福西家の養子に迎えた。福西家は準下士（下級武士）で生活は厳しかった。その後、明治維新によって身分制度が

福西志計子顕彰碑

廃されて、四民平等・職業選択の自由となったため、職を求めて東京や大阪に出る士族も多かった。高梁に残った福西家は志計子が和裁の師匠などをして家計を助けたようである。

『没後三十年に当たり福西先生を偲びて』に神崎竹代は「明治三年頃から長年、先生のお膝元で教えをうけた」「先生は独立心のある意志の強い正義を行う人で、同情心、勇気のある愛にみちたお方でした。また二人前、三人前も仕事のできる人でした。又先生は女子の覚醒という事を申され、女子教育が大切だといわれました」と書いている。

明治政府は新国家建設のため次々と制度をつくり、明治五年に学制を公布し、女子も男子同様に勉強できるようになった。明治四年に廃止された有終館の跡に高梁小学校が設立された。明治八年、福西二九歳の時に一〇歳年長の木村静とともに、岡山裁縫伝習所に入学した。木村静は木村忠蔵の長女として、一九歳で本家に嫁ぎ、三一歳で夫を失ったあと、二人の娘の養育に努めた。この二人が学業を終えて高梁に帰った明治九年七月に、「女子教育普及ノタメ各郡ニ女紅場ヲ設置シ、年令十四歳以上ノ婦女子ヲ入場セシメ、傍ラ言語礼節身体動作ノ略節ヲ学バシム」との布達があり、一〇月高梁小学校に女紅場が付設された。二人はその教師として勤務した。この女紅場は翌年高梁小学校付属裁縫所と改称された。以後二人は常に行動を共にした。

文明開化の時代を迎え、明治五年一二月三日を明治六年一月一日とする太陽暦が導入され、西欧文明は中央から地方へと進んだが、高梁は比較的早かった。明治一二年柴原宗助が高梁から最初の県議会議員

縫製学校設立地

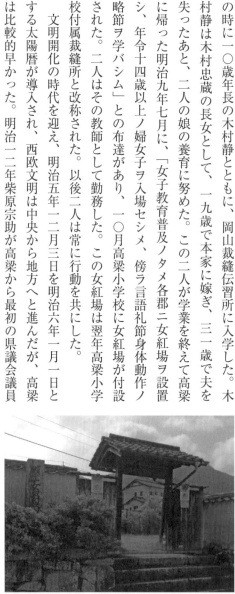

に選出された。彼の働きで一〇月四日から三日間、自由民権運動家の中川横太郎、宣教師ベリー、伝道師金森通倫が高梁小学校付属裁縫所で講演会を開き、民権運動や国会開設論、風俗改良演説がおこなわれた。その後金森通倫は毎月キリスト教の伝道に訪れ、福西、木村の二人は初めてキリスト教に接した。

新島襄は明治一三年二月一七～一九日の三日間高梁に滞在、同裁縫所で一日目は三〇〇人、二日目は四〇〇人の聴衆を集めて近代化の問題を話した。別に婦人会を設け、約二〇〇人を前にして、日本が文明国になるためには信仰と教育が重要と説いた。特に女性の教育の重要性を説き、母親として自分の子を立派に育てることの大切さを説いた。当時高梁の人口は五〇〇〇人位だから、町中こぞっての一大イベントになったと思われる。新島の教えは福西の思いと合致し、キリスト教に学び、木村と共に風俗改良婦人会を組織して指導者として活動した。

このような福西、木村の活動は、町議会で問題となり、圧迫が強まったので、ついに裁縫所教師の職を辞すことになった。二人に後援してくれる人も出来て、この年の一二月一〇日、向町の黒野宅を借りて私立裁縫所を設立した。生徒の月謝は一人当たり一〇銭～二〇銭（一〇〇銭は一円）で、初めごろの生徒数は三〇人に達しなかったので、経営は厳しかった。これまでの月収は七円で一家の家計を支えていたのに、わずか二円を二人で分けるような苦難の時もあったという。

この学校の後援者は主にキリスト教を信奉する人たちで、柴原宗助（県会議員）と柳井重宣（実業家）は後に順正女学校の校長をも勤めた人である。赤木蘇平と須藤英江は医師、小林尚一郎は薬屋のち町

順正学校発祥地碑

長、石川豊次郎は資産家、清水質は教師（比庵の父）であったが、みんなで年間一〇〇円、三年間援助している。彼女たちがこのような苦難の道を選んだのも、信念に従って自由な境地で女子教育に尽くしたいという思いからであった。この時、志計子三五歳、静四五歳であった。

当時、社会は女子に対する中等教育の必要を認めておらず、私立裁縫所はいずれ消え去るだろうと噂されていた。ところが先生二人の熱意と教会員の支持のもとに成長していった。（高梁キリスト教会は明治一五年四月に創設され、二人を含めて一五人が洗礼を受けた。）

この裁縫所は小学校卒業後の生徒を三年以上指導した。授業は裁縫を教えるだけでなく、それによって自活できる人材育成を目指し、実技教育の水準の高さを誇りとした。生徒は次第に増加し、半年後には校地の黒野宅を買い取り、校舎一棟を建て、生徒は九〇人に達し、学校の基礎は固まっていった。

やがて福西は教養や特性を養うには裁縫などの授業だけでは足りないと感じ、女学校を創ることを考えた。この思いを強くしたのは、明治一六年に読んだマリー・ライオンの伝記であった。マリーは七歳で父を失った後、学問に励み、女子のための大学の創設を決意した。無関心や迫害と戦い、この計画に賛同する二、三人の紳士の資金援助を得て、四〇歳の時達成した。福西は自分の経歴や思いと重ね合わせて、神の啓示と感じ、女学校設立を決心した。熱心な努力により、当時地方では得難い女性の文学教師、神戸英和女学校の原とも女史を先生として招くことが出来、一二月に着任した。

ここに念願がかなない、明治一八年（一八八五）一月七日、県下で最初の女学校として、裁縫科と文学科を持つ順正女学校が成立した。初代校長として、最初から後援を惜しまなかった柴

高梁キリスト教会

原宗助が就任した。順正という校名は吉田寛治の命名である。吉田は有終館で山田方谷に学び、江戸に遊学、高梁小学校の主任教諭となり、かつて福西・木村が上司として信頼していた先生である。

私立順正女学校にとって教会員の支援はかけがえのないものであった。福西にとって信仰は活動の原動力で、キリスト教の精神によって学校を運営していたが、学業と信仰は別で、生徒に信仰を強要することはなく、生徒のなかで信徒になった人は少なかった。

初代の柴原宗助校長は明治一九年に辞職して京都に移り、二代目として柳井重宣校長が就任した。彼も最初からの後援者であり、クリスチャンである。畜産業で活躍した実業家で、当時は県議会議員で、信望の厚い人であった。

和装から洋装に移ろうとしていた時代で、県下でも明治一七年には岡山中学校が制服として洋服を導入し、一九、二〇年から下道郡、上道郡の男子教師は洋服着用が決められた。こうした時代に対応するため、福西は明治二〇年単身上京して神田職業学校に学び、洋服の仕立て、西洋洗濯、毛糸編み物、造花、手芸などの技術を習得し、翌年帰郷し、高梁に初めてのミシンをもたらしている。こうして新しい時代に応じた教育内容が導入され、順正女学校の名は高梁の名と共に、遠い所まで響き渡った。福西も「順正女学校の名を辱めるな」と生徒たちを鍛え上げていた。

福西は同じ教会員の留岡幸助を同志社で学ばせ、山室軍平を助けている。石井十次の妻品子は順正女学校で学び、留岡幸助の最初の妻、夏は苦学生として順正で働きながら学んだ。後妻になったきくも苦学生として病人の看護の仕事をし、時に福西の看護もし、彼女の苦心談も聞き、子供のように愛され、労わられた。きくがクリスチャンとなった後、一カ月五銭の教会費に困ると、わざわざ髪の手入れをさせてお金をくれたという。

教育内容の充実につれて生徒が多くなって、新校舎建設の願いが高まっていった。順正女学校の成立時から、厳しい財政を救うため一銭講が始められ、明治三九年（一九〇六）まで続いて行われている。また明治二三年（一八九〇）後半より木曜会が生まれた。これはキリスト教信者の教師による校舎新築を願う祈りの会で、その熱意は協力者を動かし、明治二六年一〇月六日に第一回の新築相談会が開かれた。そこで募金を呼びかける新築趣意書がつくられ、五四人の新築委員が選ばれた。この呼びかけ以後、福西は以前にも増して寸暇を惜しんで東奔西走した。やがて新築委員をはじめ高梁町民の協力によって、約三〇〇〇円の寄付金を集めることが出来、頼久寺町一四番地に土地を得て、裁縫科と文学科の教室を備えた新校舎が明治二八年三月に起工され、一一月完成した。早速向町の校舎から移転して授業が始まり、翌年4月からは寄宿舎の工事が始まり、九月に竣工した。福西はその玄関前に立ち、「どうしてこれが出来たのでしょう。全く不思議でなりません。実に神様の御恵みと人様の情けです」と、感謝と歓喜に満たされて涙を流した。（伊吹岩五郎談）

順正記念館

新校舎建設の努力は、大柄で病気を知らなかった福西の身体をむしばんだのか、明治二九年の夏には体調が悪化、糖尿病と言われていたが、のち肺を病み、三〇年一月から岡山で、五月からは児島の田之口で、各二カ月間養生をした。このため河合久を招き、福西の代わりに学校経営、裁縫教師及び舎監を担ってもらった。彼女は一期生で、神戸英和学校（現神戸女学院）に進学、卒業後そこの教師をしていた人である。福西は高梁に帰ると、教えたり、病床についたりした。明治三一年になると、ほとんど病床で過ごすことになり、見舞いに来る卒業生などに「順正女学校の成立の歴史を忘れるな。身を過って学校の名を辱めるな」と言った。伊吹岩五郎牧師は終わりの三カ月間、毎日のように病床に見舞い、学校を思う福西を聖書の言葉で励ました。

福西志計子は明治三一年八月二一日、家族、門下生、多数見守るなか、平安で満ち足りた顔で、波乱の一生を生きって、五二歳で地上の生涯を閉じた。共に働いた木村静は後を追うように、明治三三年二月一一日六四歳で天に召され、二人は同じ教会墓地に静かに眠っている。

山田方谷の陽明学について

吉田公平
（東洋大学名誉教授）

山田方谷さんを理解する鍵は陽明学であるということで、「山田方谷の陽明学について」という演題をいただきましたので、このテーマでお話しさせていただきます。

私は東京と郷里の岩沼市で塾を開いています。「心の学び吉田塾」です。つまりは心学塾です。ところで、近年、人文科学は、自然科学のように直接に利益を生まないので、国立大学（旧称）に文学部は不要であるという、非常識な通達を出しました。これに一番に反対したのは経済界です。自然科学だけでは自前で考える頭を養成することはできない。頭が空っぽな実業人では国際競争を乗り切れないではないかと。もっともな反応です。でも文科省は表向きは鳴りを潜めていますが、この通達そのものは引っ込めていません。この通達は現代社会が直に利益を生まない人文科学に冷淡であることを象徴していると言えます。

備中松山藩の山田方谷さんが藩の財政改革を断行して大きな成果をあげたのは、単に政策運営が見事だったということだけではありません。人と社会をいかに把握するか、という根本問題に立ち向かったからです。山田方谷さんは、人と社会を見る目も政策を実践する姿勢にも、少しもぶれることは無かった。人間と社会はどうあるべきか。現状はどうなっているのか。あるべき姿を実現するにはどうしたらよいのか。一つは制度改革。もう一つは人間改革です。山田方谷さんの制度改革については丁寧な研究があります。自治体が財政逼迫した際に、山田方谷さんの財政再建をモデルにしようという議論があって、その筋の本が随分と売れたようです。財政再建は見えやすいのですが、その財政再建に邁進できたのは何故か。それは人間力の問題です。今風に言えば、人文科学の分野の問題になります。藩民一人一人を人間としてどのようにとらえて、藩民と藩政の現状を見据えた上で、いかなる道筋を立てて再建を図るのか。人間力を見切った所に山田方谷さんの凄さがあります。

山田方谷さんは、人は素質や才能は多様で、また各自は問題を抱えていますが、その人なりに人間として「良く生き切る力」を誰もが持ち合わせているのだ、ととらえました。このような人間観を性善説といいます。自分に対しても他人に対しても、希望を棄てない。つまりは見捨てることはしない。これはなかなかできないことです。わたし達は困難な局面にぶち当たると、へこみそうになります。もう駄目かも知れないと追い込まれることもあります。そういう時でもきっと大丈夫と自分を励まし、隣人をも支援します。その意味では山田方谷さんは朋輩に恵まれました。もちろん、敵対する人もいました。藩政改革は劇的でしたから、既得権益を持っている人は反対しますし、サボタージュします。直接につぶしにかかった人もいました。興味深いのは、自分のなすべき事を淡々と持続しながら、事態の進展を見据えて「待つ強さ」を持ち合わせていたことです。成果が見えてくると抵抗勢力は小さくなります。「待つこと」は大事なことなのですが、でもそれだけに難儀な事です。

天才とは天与の才。万人が天才です。万人の天才の在り方は皆違います。違いは個性です。違うからダメだという天才論はとりません。一見「ダメ人間」に見える人でも、その人なりにその天才を生かせるような仕組みがあれば、その人は自らの天才を発揮して生ききるのです。

山田方谷さんは敢闘の精神で突き進みます。板倉勝静の信任があったのが一番大きかったのですが、それにしても、よくあれだけのことをやり遂げたものだと驚嘆します。強い人だったのでしょう。その強さは天性とも言えますが、学びの中で身についたものもありましょう。山田方谷さんは禅心学・朱子学・陽明学を学びました。この三学はその考え方に違いがありますが、誰もが生ききる力を持ち合わせているという点では共通します。朱子学・陽明学は共に性善説を人間理解の根本に据えます。先述しましたが、性善説の性とは本性のこと、善とは人間らしく生ききる力のこと。しかし、人間の本性が善であることを科学的に証明することはできません。そのように思うことです。それを「悟り」といいます。本性を覚悟し発揮するには、陽明学が一番素直に納得できると。ここに落ち着いたのです。

家族と暮らし、社会で生活し、企業で働いていると、どうしても軋轢が生まれます。けんかになることもあるでしょう。しっくりと行かないことは日常茶飯です。生き方や考え方の違いが起因です。しかし、違いがあることが鬱陶しいし、トラブルの原因にもなりますが、違いがあるという事がとても大事なのです。安きについて、この違いを無視したり捨て去ったりしないこと。なぜなら、例えば違う意見は反省する契機になります。もう一つの選択肢を提供してくれるのです。自分と違う生き方や考え方をする人を大事にすることです。自分を相対化する契機にもなります。山田方谷さんは、この「違い」の大事さを実に良く弁えていた人です。その上で、他人の生き方考え方には盲従するな、と戒めています。複眼的に考えることのできる人でした。

陽明学は中国明代の王陽明が唱えた心学です。発音は神学と同じですが、神様の学は、神様の教えのままに生きることです。世界を創った神様は人間の振る舞いを審判して救済します。神学を信じる人は神様が実在すると信じてその神様にお任せします。この神様が果たして実在するのか否か、科学的に証明することはできません。人の本性が本質的に善だということ、悪魔のように見える人でも、その本性は本来的に善なのだということも、科学的に証明することはできません。

心とは心臓のことではありません。身体のどこかにあるのでは無く、全身丸ごとを人格として表現するときに心といいます。そして、心の学、心学は人格として、人間の一人として、どのような生き方、考え方をしたら良いのかを学ぶ学問です。この場合の学問とは学んで問い直す、問いかける学びです。正解が既にあってそれを求める学びではありません。自分で学び問いかけてそれを生活の現場で実践する。自分の悪魔性に打ち負かされないように努力する。これを心の学びといいます。自分が悪の世界、悲しみのどん底に陥らないように、自力で自己を救い出し解放する。神様が救済してくれることを願わない、自力主義です。方谷さんの考え方の根幹です。

では、人は本来的に善なのだという考え方はどこから来たのでしょうか。性善説は確かに孟子に由来します。しかし、それを自分の人間理解の根幹にすえたのは、社会経験を践む中で、人間は本来的に善なのだ、皆が誰もが人間らしく生ききる切る力を持ち合わせているのだ、というところに、社会改革・藩政再建を遂行する熱源を置くことにしたのです。性善説は希望の心学でした。そのことをしっかりと会得することを「悟り」といいます。出発点の確認です。神様に救済を頼むのは「祈り」の宗教です。自力主義の心学はそれが誰もができるのだと会得する「悟り」の宗教です。方谷さんは教育に熱心でした。若者たちの可能性を信じていたからです。方谷さんが我々に呼びかけている最大のメッセージとも言えます。

方谷さんは、陽明学の考え方を善く理解して実践していました。その方谷さんは、生涯の中で残忍なことは一切していません。他者が自らの人生の主人公として生きる際に、その妨げになるようなことはしていません。人を生かすことの達人でした。

最後に、方谷さんの独創的な考え方を紹介します。陽明学では「心即理」といいます。心とは生身の人間、理とは適切な生き方考え方。即とは密接不可分であることを強調する措辞。つまりはわたし達自身が真理を創造発見するという意味です。方谷さんはこの生身の人間を意味する「心」を「気」と言い直しました。「心」は善なる本性を持ち合わせているものの、誘惑に負けやすい。誰もが何時でも真理を創造発見することは困難であると、特に朱子学者から非難されました。もう一つ、「心」とは人格の総称概念なのですが、漠然として会得しにくいと危惧されました。そこで方谷さんは、抽象的な「心」を身体を意味する「気」と言い換えて「気生理」（身体として私が真理を創造発見する）説を提唱しました。身体は具体的で個性的です。各自が自らの身体能力を発揮し、一人一人が自分に見合った真理を創造発見して、自分らしく生きることを提唱しているのです。この「気生理」説は誠に独創的な考えです。方谷さんの仕上げた財政再建は確かに大きな功績です。しかし、この「気生理」（気が理を生じる）という提言は、私たちが自分の人生の主人公として生きようとするとき、この方谷さんの提言は考え方の一つのモデルとして、大いに参考になるのではないでしょうか。

研究ノート・史料紹介

晩年の山田方谷とその子女―主に書状による再検討を中心に―

森　俊弘
（方谷研究会会員）

はじめに

山田方谷（球《きゅう》。安五郎。一八〇五～七七。以下、方谷と統一）関連の史資料を読み進めると、年次や事実関係について、再検討が必要な場面に出くわすことがある。本稿の中心となる、晩年の方谷と、その庶子・小雪（一八五四～七二）など子女の動向に関連する事柄も、そのひとつである。

方谷の義孫・山田準《じゅん》（済斎《せいさい》。一八六七～一九五二）は、その編著『方谷先生年譜』（以下、『年譜』）で、方谷が文久二年（一八六二）に九歳の小雪を、矢吹久次郎《きゅうじろう》の子・久満の許嫁とし、小雪は明治元年（一八六八）冬に同家へ嫁いだとする。矢吹久次郎（久寿。一八三〇～七五）は方谷の門人で、幕領の備中国哲多郡井村（現新見市上市）を本拠とする豪農、久満は通称を茂次郎（のち発三郎。一八五〇～

九〇）という（墓碑銘、『山田方谷全集』〔以下、『全集』〕姓名録、矢吹一九九六など）。
ところが別に、久次郎の子孫である矢吹邦彦氏は、二人の婚姻を慶応三年（一八六七）暮とし、近年では、さらにこれを一二月と表記する著作・年表・図録も散見される（矢吹一九九六、学ぶ会二〇〇二、岡山県博二〇一四）。これは一体、どういうことなのだろうか。

一　小雪の婚姻年次について

この両説は、いずれも根拠を明らかにしないが、後者については、矢吹氏も自著で引用している、矢吹久次郎宛、（慶応四年）正月付山田方谷書状に依拠し、年次を一年前倒しした可能性を指摘したい。同書状は、方谷の遺書としてよく知られた史料である（『全集』政治〔原本図版は岡山県博二〇一四〕）。

同書状で方谷は、小雪を「不思議の御縁」で愛育いただいており、藩の一大事に死すべきにあたり、不憫なことではあるが、幸いにも矢吹家へ「嫁託」しており安心していると記す。確かに、婚姻状態にあるとも読めるが、その時期は明記されておらず、また、「嫁」と「託」ともに人に任せるとの意味があり、続いて、「御生女と被思召、如何様とも被成下度」ともあって、小雪の境遇は甚だ曖昧である。

それでは、小雪の婚姻年次について再確認するとして、まずは当事者である久次郎の書状を見てみたい。

【史料1】矢吹久次郎書状　『全集』第三冊第四集書簡乙、来簡（五）親近者書簡

御合《(令)》愛様御儀、内々直衛《(兵脱カ)》迄昨年来より相尋候処、御内合に而、御縁談被為仰候御義も無御座様承候義に御座候、申上も恐入候義、且御直に伺事、尚以不相済事ニハ御座候得共、御留□《(守カ)》中国元に而申

上候而者、不行届之義も自然可有御座と奉存、当地へ此度幸罷出候に付、無余義、御直に奉伺候、何とも失礼の義に御座候得共、可相成御事に御座候はゞ、私方へ御下被遣間敷哉、悴義、当年十四歳ニ相成候義に御座候、在宅の義者、御承知も被為在候通り、十七、八に相成候は丶、妻合も為致候義に付、最早間も無御座、御承引も被成下候はゞ、別而難有奉存候、此間より可申上奉存候得共、此度御良案御願申上候に付、存付候様自然御聞取に相成候時者、返而恐入候に付、右承り候上可申上と奉存候得共、退而愚考仕候処、矢張過意の咎候様にも相考候に付、恩召も不顧、奉伺高意候、御差支之義も被為在候はゞ、少も無御遠慮被仰聞可被為下、決而如才に者勿論可奉存様無御座候、昨年若先生御妻縁の義、直衛迄ちらと相咄候義に御座候、何も当今の考に無御座候、是も宜敷御推察の程偏に奉願上候、以上、

五月廿一日　矢吹久次郎

山田大先生

本書状の年次は、書中に、「悴義、当年十四歳ニ相成候」とあって、茂次郎こと発三郎の生年は嘉永三年（一八五〇）であることから、『全集』編者の山田準が比定する慶応二年（一八六六）ではなく、文久三年（一八六三）と考えたい（墓碑銘、山田一九五一）。「御留□（守カ）中」とあるのは、方谷がこの当時、在京ないし在坂中であることと符合する（『年譜』、『全集』政治）。この慶応二年説の根拠は、書状の一節に見える「昨年若先生御妻縁の義」について、「若先生」こと方谷の義嗣・英太郎（のち耕蔵、明遠、知足斎。一八三九〜八一）の婚姻を同元年四月とする『年譜』や、「先考知足斎先生行略」（山田一九三〇所収、以下「行略」）の記事によって比定したとみられるが、これも後述するように正しくない。

なお、英太郎の婚姻相手は、浅口郡大谷村（現浅口市金光町大谷）の豪農から浅尾藩国家老となった、

中島伝七郎（好行。一七九七～一八八〇）の五女で、早苗（もと於カツ。一八四五～一九一〇）という。さらに、早苗の母・繁（小シケ）は、方谷の相婿となっていた、大津寄花堂《かどう》（尚彝《なおつね》。岸之助・岸蔵・吉郎兵衛、一八〇六～八二）の又従姉妹で、花堂の兄・忠右衛門（尚秀）の養女となり、中島家に嫁いでいた（『年譜』、「行略」、「大津寄家系図」、二階堂一九七一、山田家墓碑銘など）。

さて、久次郎は、「御合《（令）》愛様」こと小雪について、昨年から内々に「直衛《（兵脱カ）》」という人物（松山城下の鉄問屋・蔵米御払口入《くにゅう》の守屋直兵衛か。国分一九二八）を通じて聞き合わせ、内輪でも縁談がないことを確認したうえで、恐れながら、できれば矢吹家へお願いしたいと申し入れている。そして、悴は一四歳なので、一七、八歳になったら妻合わせたい、期間もなく、ご承諾いただけると有り難いと記している。以上に拠る限り、この時点で小雪と発三郎の縁談は、全く具体化しておらず、同二年に許嫁となったという、『年譜』の記事とも合致しない。さらに、久次郎自身が考えていた、慶応二、三年頃という婚姻時期も、先に見たように、同四年に実現していたか明確でない。

次に、前稿でも少し触れたが、方谷が賦した数多くの漢詩の中に、次のようなものがある。

【史料2】山田方谷漢詩『方谷遺稿』巻下（『全訳』九〇八号）

辛未元旦、用例歳之韻、

不怪老懐新更新、換然非復去年人、女婚男娶事渾了、五岳漫游在此春、一男娶婦、已経七年、二女去冬一成婚、一許嫁、

辛未は明治四年にあたり、ここで注目したいのは、漢詩の尻付記事である。そこに記された方谷の子女三人のうち、「男一」とは、【史料1】にも「若先生」と記される、英太郎こと耕蔵で、「女二」とは、山田準が註釈する二人の養女を意味せず、庶子の小雪と養女の綾《あや》（生没年未詳）の二人に比定されよう。綾は、因幡国日野郡生山《しょうやま》村（現鳥取県日南町）の豪農の一門・段塚保寿《だんづかやすとし》（猪之助。一八二九～一九〇〇）

の娘で、慶応初年頃に方谷の養女に迎えられた（『日野郡史』下巻、発耕蔵一一・三六、来耕蔵五、『年譜』、田井一九九六）。なお、ここには、この時点までで死去している、嫡女の阿瑳奇《おさき》（一八二六～三六）と、美作勝山藩士・喜多村前後（落水）の五女で、文久三年閏一〇月に正室を亡くした三島毅《き》（貞一郎《ていいちろう》、桐南、中洲。一八三〇～一九一九）のため養女とし、同年一一月に継室としたという、雪（一八四三～七〇）は含まれない（山田家墓碑銘、来耕蔵五八、『全集』版『年譜』、山口一九七七、三島一九九八）。

さて、【史料2】によれば、耕造が正室を迎えて七年を過ぎ、小雪が昨年冬に婚姻、綾も婚約に至ったことが分かる。さらに、小雪の婚姻は、明治三年末のこととなり、これらの事実は、小雪が明治元年ないし慶応三年に婚姻、また耕蔵が同元年四月に婚姻したとの従来説とも、全く一致しない。

逆に、耕蔵の婚姻時期は、【史料2】の尻付記事から、文久三年内のことと逆算できる。確かに、方谷が耕造こと英太郎に宛てた、（文久二年）一一月二九日付書状には、「二母（吉井緑・西谷歌）・小雪」として、正室となる早苗の名前は見えない（発耕蔵九）。さらに、【史料1】に立ち戻って、その一節に見える、「昨年若先生御妻縁の義」として、文久二年には小雪の縁談に支障となっていた、耕蔵の未婚状態が、書状の出された翌同三年五月までには変化しているらしいことにも注目したい。

以上から、耕蔵の婚姻は、同三年正月から五月の間である。さらに、方谷が江戸を二月に出発して国元へ戻ってから、再び藩主の板倉勝静に召されて上洛するため出発する、四月初旬までの期間に限定できる（方谷山田先生墓碣銘、『方谷遺稿』巻下〔『全訳』六七三〕、『全集』政治、『年譜』など）。

ちなみに、【史料2】の尻付記事に見える「一許嫁」、すなわち綾の縁談は、「米子（現鳥取県米子市）之方」が相手であったらしい（発耕蔵二六）。

二　方谷の庶子―小雪―

1　方谷の小坂部仮寓

さて、小雪の婚姻が、明治三年冬であったとする以上の推定が正しければ、方谷はこの時期、英賀郡小坂部村（現新見市大佐小阪部）に滞在していた。

【史料3】山田方谷漢詩『全集』漢詩編（『全訳』九〇五号）

辛未元旦、用例歳之韻、（明治四年、）

還家旬日已迎新　恍惚猶疑夢秘人　一酔醒来梅樹下　依然長瀬澗辺春、（去歳自秋渉冬、寓小坂部、窮陰帰家、）

英賀郡西方村の長瀬（現高梁市中井町）にあった方谷の私塾は、従来から明治三年（一八七〇）一〇月に小坂部へ移転したとされている（『年譜』）。塾名は、一般に長瀬塾と呼び習わされているが、当時の塾生名簿の表題には、「無量寿堂」とあったといい、方谷自身も書状には「塾」、漢詩の詩題には、「無量寿庵」と表記するのみである（『全集』姓名録、『方谷遺稿』巻下〔『全訳』六九三〕など）。

ところで、【史料3】の尻付記事に見る限り、この時期の方谷の小坂部滞在は、秋から冬にかけての暫定的な滞在に過ぎず、年末には長瀬へ帰宅して越年している。方谷自身も、（明治三年）八月一七日付の書状で、「来月廿日ハ、又小坂部迄一寸罷越候事も可有之候と存候、是も久世同様暫時之事ニ有之候」と認め、久世行が六日日程であったように、九月二〇日から数日の、ごく一時的なものとしていた（横山②）。

しかし、方谷は、その一方で、九月に入ると、「当今校禁条目」と題する校則を示し、別に移動に関する「途上規則」が定められているように、長瀬から複数の塾生を伴い、小坂部に赴いている形跡がある。田井章夫は、典拠不明ながら、方谷と塾生が、同三年一〇月一二日に長瀬を出発し、唐松（現新見市唐松）で一泊し、翌一三日に小坂部の陣屋に入ったと具体的に記す（田井一九九八、学ぶ会二〇〇二）。

この小坂部滞在について、方谷は後に、小坂部寓居や私塾の開設を勧められたことから、「誠に幸之事」として「移寓」したと説明している（宮原一九七八、朝森一九九五、『全集』刑部）。別に、矢吹久次郎が、小坂部への「移教」を勧め、当時自身が買得していた小坂部陣屋の屋舎を提供したとされ、「移教」にあたっては、同家の「用員」である村上常彦（生没年未詳）が従事、尽力したともあるので、その通りなのだろう（『年譜』）。陣屋敷地には、既存の陣屋主屋と土蔵、長屋門などのほかに、「髙《（講）》堂」と「東舎」が設けられ、方谷と塾生が生活した（大佐町史一九七九）。塾生数については、移動前の長瀬で「百三五《（ママ、三百カ）》十員」、小坂部への移動後も、「数百人」とある（『全集』瑣録、方谷山田先生遺蹟碑（以下、遺蹟碑））。また、方谷は、同地にあった「村校」「郷黌」の「冬学」（冬期における農閑期の講義）に携わるため、このまま逗留したと、「諸生」と共に漢詩に賦している（『全集』教育、『全訳』九〇一）。この学校は、「郷校」ともあって、以前から倉敷県へ建議が行われていたもので、「僅の村童」を対象に、矢吹久次郎が単独で運営していたものである（『全集』刑部、発三島五四）。以上からは、方谷が、小坂部での滞在を仮寓としながらも、にわかに教育の拠点を、長瀬から小坂部へと移したことが確認できる。

その背景として、方谷は、滞在当時の書状で、「当地の処は全く先妣の旧を思慕いたし候より来寓」したとし、その跡が滅亡していることに心を痛め、これをどうにかしたいと記す（発三島五五）。これは、従来から指摘されている通り、小坂部が方谷の母・西谷梶の出身地であり、当時生家は絶家していたことによる（宮原一九七八、学ぶ会二〇〇七など）。さらに、方谷は同年一〇月、「吾自此従事再興」と表明、同家の再興に着手したともある（遺蹟碑）。

ここで注目すべきは、書状で続けて記す、「此上は又一段の深山幽谷へ入候て残齢を送候外無之」との、さらに山間部への隠棲の表明である。管見の限りでは、これまで指摘されたことがないが、別の書状でも方谷は、「伯州境辺に隠棲の地を求候て、多分其方へ引籠」るため、翌年春からさらに山中へ見分に赴きたいと記すように、本気で隠棲を志向していた（発三島四七a）。確かに小坂部は仮寓の地なのである。

さて、小雪の婚礼がいつ行われたのか、現在のところ、『全集』版『年譜』と【史料2】が冬と記すのみで、具体的な模様を伝える史料を欠いている。いずれにしても、方谷は、小坂部に仮寓していた年末までの約三ヶ月の間に、上市の矢吹家で行われたとみられる婚礼などに対応したことになるだろう。

このようにして、小雪は、嫁ぎ先での新婚生活を始めたようである。また、方谷も、年が明けて明治四年正月二九日には、長瀬から「隔居」するとして、小坂部へと赴いている（発三島一六）。この小坂部行でも、招きに応じて郷校に赴き、郷内の子弟を教育したこと、村外からも松山藩士の子弟らが就学したことが、方谷の賦した漢詩の詩題から知られる。

【史料4】山田方谷漢詩詩題　『方谷遺稿』巻下（『全訳』九一三号）

往年余督藩学、時文道榛蕪、草昧之際、先衆助余以興学者、為石川・服部・渡辺三士、既而余謝病帰棲山林、三士亦遭国変、告老隠居、今茲辛未、余応招往刑部郷校、教導郷子弟、三士之子、皆既少壮、偕負笈来就学焉、対之不勝往昔之感、賦一律以似焉、

田井章夫は、矢吹家の伝承として、「小阪部に移った方谷は、暇があれば上市の矢吹家を訪れ、小雪と会うのを楽しみにしていた。小雪が台所に立っていると物陰からそっと覗き見しては、またしては小雪に

叱られていたという」と簡潔に紹介し、同氏に先立ち矢吹邦彦氏も、その著書で同様の逸話を記している（学ぶ会二〇〇二、矢吹一九九六）。事実であれば、この時期のことであろう。また、実現したかは明らかでないが、方谷は、上田（三島）中洲に宛てた書状には、「上巳」、三月三日には帰宅し、四、五日は滞在した際に面会したいとしている（発三島四九〔原本図版は岡山県博二〇一四〕、竹原二〇一五）。

2　小雪の発病と方谷

　そうしたなか、矢吹久次郎が六月二八日、先日に客分として引き受けた継室の甥・幸三九と、小雪の二人を伴って小坂部に訪ねてきた。幸三九は、商売に「怜悧」な若者といい、これは久次郎の「商業一方之人物」にしたいとの意向によるもので、同家の酒店でしばらく見習いさせ、八、九月には婚礼の積もりとある。方谷は、その合間に読書へ来るよう言っている（発耕蔵二〇）。この幸三九は、伯耆国日野郡阿毘縁《あびれ》（現鳥取県日南町）の豪農・木下氏の次男で、久次郎の娘・栄（一八五二〜七四）と婚姻、達四郎（久高、?〜一八七七）と改名したという（矢吹一九九八、墓碑銘）。久次郎は、公務を発三郎に、家業を達四郎にそれぞれ担わせようとしたのだろう。

　一方、小雪は、「近来兎角不快多」くなり、度々の体調不良を心配した久次郎が、方谷に相談するために送り届けられたとある。小雪を看病することとなった方谷は、翌二九日、自身の門人で美作国真島郡美甘村（現真庭市美甘）の医師・横山廉造《れんぞう》（一八二八〜八四）を招き、小雪に受診させ、廉造も数度にわたり往診、投薬の措置をとっている。この時、廉造は、「病根は心経之事」と診断し、方谷に対しても、「差而六ケ敷は不申」「容體は先は同様之事」と対応した（発耕蔵二〇、二三）。従来、小雪の病気は、肺病とされ、通説化している（矢吹一九九六・一九九八、片山二〇一五）。ところが、先の「下痢・嘔吐之気」と併せ、どうも現在でいう自律神経失調症との見立てらしい。

七月　小雪の容体は、七月一二日の時点で変わらず、方谷は、秋に涼しくなって気力の回復を待つのみとし、湯治には必ず遣わしたく、それまでに回復すれば安心と考えている（発耕蔵一二）。一八日にも、容体はここ二、三日、変わったことはないものの、足痛に苦労しており、今日は特にひどく、便所にも人の手に捉まらなければ一人で歩けない状態であった。先の診察以降、腹痛と痙攣は治まったが、その他も依然そのままという状態であったという（美甘村教委1）。同月二七日には、その後小雪に変わったことはないが、両足で立つことがさらに困難となり、時々痛むということで、麻痺を感じるという。腹痛は少しあるものの、大したことはなく、痙攣はやや緩和した。日により気分が悪く食事も食べない事もあり、昨日はよい方で普通の通り食も少しは進むとある。方谷は、いくらか少しでも歩けるようになれば、気分も引き立つと思うとし、八月一日には矢吹久次郎も、倉敷（現倉敷市。当時は県庁所在地）へ出勤のため、出がけに見舞いに立ち寄りたいとしているので、それまでには来診してほしいと廉造に要請している（同2）。

九月　そして九月下旬に入って、方谷は、病中の廉造の代診として「金原君」を迎えた。この頃には小雪も追々に「順快」、脚力も日々に増し、肩に縋れば、少しは歩けるようになったとあり、方谷は、用心はこの時とし、そのうち廉造にも来診を願い、また薬を送るよう依頼している（横山④）。この「金原君」とは、もと旗本水谷氏家臣で、小坂部陣屋付の医師・金原氏の一門であろう（『大佐町史』二〇〇三）。

一〇月　一〇月八日には、その後は特別なことはないが、四日ほど「腹瀉」、下痢が続き、胸腹も少し痛み、時々胸の下に刺すような痛みがある、食事も普通に食べるが、力は出ないということで、方谷は、廉造に雪中の来診を依頼している（横山⑧）。

3 方谷の隠棲と私塾の存続問題

ところで、方谷の小坂部滞在中、長瀬から同地に移した私塾と塾生の処遇が問題となった。方谷は、前年一〇月九日に二歳の義孫・桃枝を亡くしたことで「精力衰弱」したとして、明治三年閏一〇月の時点で、生徒は多数混み合い、新入もあるものの、「衰力」のため、「遠来の徒」を少し残して七、八分は帰し、今年限りとしたいと記している（発三島五二）。ただし、予定通りにはならず、翌同四年二月には、「格別有志の徒」は新入を拒まないものの、「追々簡省」にしたいとの意向を示している。具体的には、塾生を昨年の半分とし、それも秋頃までで、以降は解散したいとある（発三島四九、五一）。

その後、小雪の看病などによる辛労からか、秋頃から方谷自身が「一段の衰弱」に至り、授業を続けられなくなり、「今を幸に休業」したいと考えたという（同其五〇）。七月九日付書状では、近村の塾生は残らず帰省させ、遠国ばかり二十余人が残るであろうとし、一二日には「後住職」について記し、二四日付の書状には、当年の冬限りとして、塾生の制限を進めているが、なお七、八〇人が寄宿しており、さらに郷校の「村童」の世話もあって精力が尽き果てたと嘆く。そして小坂部滞在が一年となる九月を期限に「一改革」したいとし、小坂部に後任を置き、遠国出身者の内で熱心な随行者があれば一〇人、一五人を連れ、「今一段の山中」に入りたいとする（発耕蔵二〇、二一、発三島五五）。さらに同月に断行された廃藩置県を受けて、八月一七日には、廃藩に伴い諸藩の塾生で帰藩する者もあるとして、封建風から変革した実用的な学問を教えるには、老衰の力では及ばず、今後藩士の入塾は断りたいと記す（『全集』政治）。

そして方谷は九月一〇日、塾生も高梁藩の者はほとんど帰ったが、それでも四、五〇人が残り、その世話を上田（三島）中洲に依頼している。当然、矢吹久次郎から今月中での小坂部引き払いに難色を示されたため、方谷は近日ひとまず「南帰」するとし、塾生を「帰省」させ、自身も長瀬へと「帰郷」した。ところが、二〇日には小坂部へと「帰校」し、塾生も再び「来塾」している（横山④、発三島四五ａ）。結局、方谷は、「それにては益弱り可申」と医師などから「俗論」を言い聞かせられたため、仕方なく少しずつ「勉強」を続けることになったのだという（同五〇）。

それでもなお方谷は、翌明治五年三月になっても、塾生を解散し、近村の「童子」のみに教授する「郷校」とし、「後住僧」を置きたいと記している（同）。五月二五日の時点では、塾生は四、五〇人、「村児」は一五人いて、「騒擾」だけで日が暮れており、夏中は帰宅できないとし、ここでもまた、盆後には小阪部を引き払いたいとしている（同五八）。方谷は六月三日、当時編成が進んでいた戸籍の届出も、小坂部へはあくまで寄寓であるとしたうえで、「僅の村童」が通学していた同地の「郷校」にも、自身は直接教授せず、塾生の旧高梁藩士・毛利八弥（もと宿穪。一八五二〜一九二六）を当分の名目人として教師に充てたいとしている。また、私塾の「童子」に洋学を学ばせたいと、これも旧高梁藩士で門人の渡辺松茂を呼び寄せたが、松茂は、また遊学するとして退塾してしまい、困っていると記す（発三島五四）。

結局、方谷は八月には、西谷家の外祖父母の墓の傍らに「小庵」の普請を始めており、故郷の西方の庵と往復しての「掃墓」を終焉の業にすると決心した（発三島六三）。墓碑は、仮寓からも程近い禅宗寺院・金剛寺（新見市大佐小南）の境内にあり、「小庵」は墓参の休憩所でもあった（遺蹟碑）。そして一一月六日、「祠堂」が落成し、多くの客来があり、近所への振舞も行われ、方谷も、念願が叶い、「生涯之安心」とはこの事だと報じている（『全集』刑部、菅本一九八七）。方谷の思い描いた、さらなる隠棲の願望は、このようにして収束したのであった。

4　小雪の死去

一二月　さて、話は遡って、明治四年一二月二九日付で耕蔵に宛てた書状には、「病難一事」には、「半年之大辛労」で言い尽くし難いものかあり、看病にも奔走し、医者の送迎も二〇度に及び、使いの者を送ったのは数え切れない。雑費も容易でないが、病状が快方に向かうことは「無此上大幸」である。ただし、すぐには全快せず、春暖を待たなければならないので、長瀬に「帰宅」のうえで相談したい。また、上市矢吹家の配慮は行き届いて「精密」で感心する。夫の発三郎も一一月末から小坂部に来ており、当地で越年する予定だが、父久次郎の隠居・退役により、翌年正月五日出立で倉敷へ出勤することになったので、それまで滞在の予定であると記す（発耕蔵一三）。

明治五年正月　そして年が明け、明治五年となった。方谷は正月四日付で、横山廉造に宛てて、小雪は、別条なく越年したとし、明日五日には廉造が往診するとの報せに期待を寄せている。その上で、吐き気が治まらず、特にここ二日間はひどく、気力にも拘わるように見えるので、今日ぜひとも、泊まりがけの積もりで往診して欲しいと懇願している（横山⑥）。また、方谷は七日頃、耕造への書状に追伸し、小雪について、「旧臘より之寒気少々障り候やにて、下痢・嘔吐之気も有之」という状態だが、ここ二、三日は、大分具合もよく、昨日も廉造が来診してくれ、発三郎も小坂部の方へ帰って来ているということで、帰り次第に来るはずだと報じている（発耕蔵一八ａ）。その後、方谷は一三日、廉造に、その後変わりはないが、「気力衰弱」し、先刻から意識が遠のく様子であるとして、急ぎ来診を要請している（片山二〇一五）。

そして小雪は同月二九日、薬石の効なく、一九歳で死去した。そのまま小坂部で方谷等に看取られた可能性が高い。気力・体力ともに衰えた状態であったことは明らかだが、病状に照らせば、自律神経失調に起因する体機能の低下が直接の原因と考えられよう。

その後　小雪の死去による方谷の落胆は、見るも気の毒であったという（学ぶ会二〇〇二）。その後、上田（三島）中洲からの来信に答えた、三月二日付方谷書状には、一旦は「痛哭」に及んだが、まもなく「大悟一笑」したとし、この「二十年」は「幻夢」であると感じただけではなく、万物は全てこのようなものだと、心中で却って心のわだかまりが消えたと記している。（発三島五〇）。方谷の心も次第に落ち着いたのか、三月一〇日には上市に赴き初めて墓参を果たし、矢吹家に三日逗留した（発耕蔵一八b、二六）。それでも、「矢吹家ではそれから後、方谷が訪れたら離れの一室に通して使用人を近付けず、方谷が大声で泣いても外へ漏れないように気を配った」との逸話が伝わる（学ぶ会二〇〇二、矢吹一九九八）。

小雪の墓碑は、新見市上市の矢吹家墓地にある。高さ約一五〇センチメートル、花崗岩製で、前面に「開権院妙立日実大姉」、背面に「明治五壬申正月廿九日病卒　矢吹発三郎妻俗名小雪」と刻まれている。

三　方谷の養女三人―綾、多仁、之加―

綾　小雪の死後、方谷の子女は、長瀬にあった義嗣・耕蔵のほか、養女の綾が残っていた。先の米子への縁談は不調だったようで、明治五年三月一九日の時点で、小坂部に留まったままとなっていた。綾本人も、いずれ破談となると思っており、方谷は、どうにか近隣へ相談して嫁入りさせればよく、旧高梁藩士の内で勝手向きのよい家などが相当ではないかと、耕蔵に意見を求めている（発耕蔵二六）。その後まもなくして方谷は、綾を長瀬へと送り、仕事の手伝いをさせ、夜は手習いをさせるよう耕蔵に依頼し、手本は自分が認め遣すとしており、「米子之相談」は今もはっきりしないと記す。以降、綾は長瀬での生活を続けることになる（発耕蔵二七、三四）。

多仁《たに》　さて、小雪の死後からまもなく、発三郎は、方谷の新しい養女を継室に迎えたこと、また、綾も新たな縁談を得たことが、方谷が耕蔵に宛てた次の書状から知られる。

新しい養女は、伯耆国日野郡二部（現鳥取県伯耆町）の医師・足羽《あしば》純亭（常太郎・恒太郎、良斎、垂天。一八二〇～九一）の長女で、名前を多仁（太仁。一八五六～七八）という（墓碑銘、安達一九九二）。

【史料5】山田方谷書状『全集』第三冊第四集書簡甲、発簡二、養嗣子耕蔵君宛其三十一

一両日中には人遣可申と存候処、花木人御伝言を以立寄、幸之事一筆申述候、寒気甚に至候処、御揃弥々無事珍重之至に候、当方一同無事御安意可被下候、先般は御入来数日之緩話大慶之至、御帰途も無滞候由、安心いたし申候、扨其節御咄申候上市縁談相整、去る十四日此方へ引請、足羽よりは純亭連れ来、上市よりも久次郎入来にて親子之式首尾好相済、純亭は十六日に当処より直に帰去、十八日吉辰に付上市へ引渡、みとり召連れ婚儀も首尾好相整、みとりは廿日に開き申候、昨日五日目に付、歓之人遣申候、先々此一条は都合好手続き大安心いたし候、一月早々には発三郎夫婦共此方へ差越候而、追て久敷差置度頼み、兼而之通にいたし候積と申置候、足羽より此方両人、其元へもそれ〴〵へ土産持参いたし候、貴様へは袴地壱反に候へ共、かさ高に候間、今般は遣不申預り置候、外四包みも使遣申候間、落手それ〴〵へ御遣し可有之候、上市へ歓は此方より遣候にて相済可申、其元より別に遣候にも及申間敷候へ共、書面は遣候方可然、それも此方へ向御越に候はゞ遣可申候、一引続き好事有之、綾縁談之事、段塚より申越、西備旧縁先き之由、何より都合好事に付、早速承知之答に及置候、定而相整可申と存候、相整候上は来年早々、綾、段塚迄差遣、直に彼方へ引渡可

致と申事に候、二月頃に可相成、其節は貴様にても、何卒其吉辰に其地より直に先方へ被参候而、祝席に立会候様被致事に申談度と存候、段塚之状差遣候間、土地・家名等御承知可被致、右は無此上幸之事と存候、

一毛利返書遣申候、御落手可有之、同人は中々此方へ帰り候趣には聞へ不申迚も、当には成申間敷候、伯州殊之外宜敷都合之由、足羽も噂いたし申居候、

先は右之条々申進度、如此最早年内余日無之、万々来陽目出度可申述候、早々不一、

十二月廿三日　山田方谷

山田耕蔵殿

尚々段塚之状、外用事書載、前に長文有之候へ共、それより読不申而は手続き分り兼候間、御一読可有之候、右外用事に付、此上入用之事も有之候間、急便に此状御返却可被下候、以上、

本書状の年次について、編者の山田準は、明治五年頃と傍注し、純亭の伝記作者・安達一彪《いっぴょう》は、その著作で、同六年に比定している。まずは、小雪が死去した同五年正月以降であるが、同年は、太陽暦への改暦によって、一二月二三日は存在しない。さらに、安達によれば、同七年二月に死去した儒者・伊藤宜堂が年賀状でこの婚姻に触れている（安達一九九二）。以上から、同六年のものとしてよい。

さて安達は、この婚姻に先立つ、一〇月二六日付の方谷書状を紹介し、矢吹久次郎が、純亭の「御令娘」を方谷の養女とした上で、発三郎の室にと懇望していたことを明らかにしている。続く【史料5】によれば、縁談の成立を受けて方谷は、一二月一四日、純亭に伴われてきた女子を小坂部に迎え、矢吹久次郎の立会により、「親子之式」を行い、養女とした。純亭は翌々一六日に出立、一八日は吉辰（当日は大安）のため、女子は義母となった吉井緑に伴われ、上市の矢吹家へと嫁入、同家での婚礼も整い、緑は

二〇日に帰宅している。安達が別に紹介した、一二月三〇日付の方谷書状には、婚礼に足羽家から「御代人」と「御召し連れの人」も遣わされたとあって、当日の状況が窺われる（安達一九九二）。

話は戻って、方谷は、五日目となる二二日に「歓之人」を遣わし、順調な進行に「大安心」したとする。続いて方谷は、翌年正月早々に発三郎夫婦が小坂部へ来たら、追々長期間手元に置きたいと頼み、以前からの通りにするつもりと言い置いてあると記している。久次郎との約束によって、かつて小雪が発三郎と夫婦であった時と同様にしたいということだろう。

綾の縁談　さらに、【史料5】には、この縁談に続けての「好事」として、綾にも実家から「西備旧縁先き」との縁談がもたらされている。方谷は早速承知し、来年二月にも引渡しとなるだろうから、耕蔵に祝宴への立会を指示し、この上なき幸いの事と喜んでいる。綾の相手は、「備後ノ人某」、別に、水間《みずま》氏とも伝わる（『年譜』、狩野刊年未詳・二〇一七）。なお、『全集』版『年譜』には、某は東城（現広島県庄原市）の人だと増補され、【史料5】にも「備後東城町」と註記があるが、庄原市教育委員会によると、同地で水間家は確認できないという。

以降、綾の縁談は、段塚家によって進められるが、その翌年とみられる八月七日には、先方への引き渡しは「別而省略」との申入れがあり、方谷も耕蔵の出席も見合わせることとなっている。方谷も、「時節柄御尤之至」とし、いずれは先方を訪ねたい、長瀬にいる綾も丈夫なので安心されたい、綾から届いた書状を差し上げると、綾の実父・段塚保寿らに認めている（真庭市教委二〇一四）。そして一〇月一〇日、伯耆国から保寿が訪れ、耕蔵の関わる間もなく、「大坂屋」（後述）の家内だけが招かれて、「定式」を執り行い、十三日朝、実家に出発しており、二六日に嫁ぎ先へ引渡しの予定とある（発耕蔵三六）。この前後、方谷継室の緑は、実家のある備後国尾道（現広島県尾道市）へと帰省しており、「大坂屋」の家内は、その代わりなのだろう（真庭市教委二〇一四、美甘村教委3）。婚姻の年次は、「定式」の執行を報じる方谷書状に、「関谷」（閑谷精舎。備前市閑谷）、「大戸」（知本館。美咲町大戸下）、「新暦年内」の文言がみえ、政府の台湾出兵に伴い、主立った生徒が「支那」へ探索に行くと騒いでいるとの内容から、確かに明治七年である。

之加《しか》　そして方谷は、もう一人養女を迎えている。多仁が嫁いで間もない明治七年一二月、方谷は、西谷家の大叔母の嫁ぎ先である村内の大坂屋に、その女子を養女とする約諾を得て、翌同八年正月に自宅へ引き取り、婿とする男子に心当たりがないか、横山廉造に尋ねている（美甘村教委3、『全集』刑部）。大坂屋は名を小野定一郎（一八三一～七九）といい、女子は之加（一八五七～一九〇二）という（遺蹟碑、墓碑銘、方谷庵位牌銘、菅本一九八七、大佐町史二〇〇三）。そして婿の男子についても、方谷は、祖父の旧縁先である、新見村で里正を勤める林謙作（重軌。一八三一～八八）の次男かつ門人の巻太郎（一八五三～一九二〇）を、矢吹久次郎の養子とした。以降、板倉勝静の来訪や久次郎の死去などによって途中延引を重ねたものの、ようやく同九年二月に巻太郎へ之加を妻合わせ、屋敷と田地を与え、念願の西谷家再興を果たした（『全集』刑部、『年譜』、方谷庵位牌銘）。

三人のその後　以上、史料から方谷の養女と知られる、綾・多仁・之加の三人のその後について、綾は、方谷に先立ち死去したとされている（『年譜』）。多仁は、発三郎との間に一女をなしたというが、明治一一年三月七日に、二三歳で死去した（墓碑銘）。之加は、明治三五年四月二九日に、四六歳で死去している（方谷庵位牌銘）。

おわりに

本稿では、晩年の方谷とその子女の動向、小雪の病状を中心に、併せて方谷の私塾・郷校の経営状態や、隠棲志向の推移を、各種史料、特に書状多数を読み解き、跡付けることで、再検討を行った。

晩年、気力・体力の減退を感じた方谷は、明治三年（一八七〇）秋以降、地元等の要望を幸いに仮寓先とした小坂部の地を足掛かりに、これまでに指摘されてきたように、母の実家西谷家の祭祀と再興という、長年の懸案を解消しようとした。実は、同年冬の小雪の婚姻もその一環であって、以降の方谷は、娘夫婦の存在を老いの楽しみとしつつ、一方で早々に私塾の整理を進め、さらに山間への隠棲を考えていた。ところが、方谷は、同四年夏から発病した小雪の看病に疲れ、翌同五年早々の死去に大きく落胆する。そうしたなか、心身の疲弊や世間からの隔絶を憂いた周囲の配慮や説得もあって、方谷は、小坂部での教育活動を継続し、備作地域の門人らの活動支援に最晩年を尽くすことになったのである。

ところで、本稿での検討過程で、『年譜』の年次や記事のいくつかは正確でないことが、改めて確認された。『年譜』の附言にも、山田準が同書の編集に当たり、同時代かつ当事者の耕蔵の手になる、「略譜」という史料を元に、「其他詩文・献策・簡牘」を参照し、「先輩・師友」にも質すなど、六回の改稿を経て、明治三八年に一応の完成をみたことが記されている。そして、その後に準は、数度の再刷を経て、昭和二六年（一九五一）の『全集』への収録に当たり、さらに増補を行っている。仮に「略譜」自体にも誤りがあったとして、改稿・増補時の作業でも多くの混乱が生じた可能性が考えられるのである。方谷研究の根幹のひとつである同書の検討を今後の課題とし、擱筆することにしたい。

〔付記〕本稿の執筆にあたっては、磯田耕治、今西隆行、小椋美紀、竹原伸之、中嶋利恵、仲田裕紀、野島透の各氏、臨済山大龍寺様を初め、多くの方から御教示・御協力を頂いた。末筆ながら御礼申し上げる次第である。なお、本文中では、故人について敬称略としている。了とされたい

【参考文献】

山田　球著・三島　毅編・山田　準校『方谷遺稿』巻上・中・下、山田　準、一八九〇

山田　準編『方谷先生年譜』私家版、一九〇五。以降数度の増補を経て、『山田方谷全集』に収録。

三島　復『哲人山田方谷、附陽明学講話』文華堂、一九一〇

日野郡史編纂委員編『日野郡史』下巻、日野郡自治協会、一九二六

国分胤之『昔夢一斑』旧高梁藩人親睦会、一九二八（復刻、高梁市郷土資料刊行会、一九九一）

山田　準編『知足斎詩鈔』山田　準、一九三〇

山田　準編『山田方谷全集』全三冊、山田方谷全集刊行会、一九五一（復刻、明徳出版社、一九九六）。本書を参照しての出典註記については、「刑部西谷家再興及金剛寺祠堂」→「刑部」、「山田方谷先生門下姓名録」→「姓名録」、進鴻渓「方谷先生遺行瑣録」→「瑣録」。また、書簡の部については、「発（来）簡養嗣子耕蔵君宛其〇〇」→「発（来）耕蔵〇〇」、「発簡三島貞一郎其〇〇」→「発三島〇〇」と略記している。

二階堂行禧編『二階堂・中島系譜集成』私家版、一九七一

山口角鷹編著『三島中洲—二松学舎の創立者』学校法人二松学舎、一九七七

宮原　信『哲人山田方谷とその詩』明徳出版社、一九七八

大佐町史編纂委員会編『大佐町史』上巻、大佐町教育委員会、一九七九

狩野稔夫『段塚家覚書』私家版、刊年未詳（一九八一以降）

宮原　信『山田方谷の詩　その全訳』明徳出版社、一九八二

菅本真澄「方谷山田先生遺蹟碑と小阪部」大佐町教育委員会、一九八七

平凡社地方資料センター編『日本歴史地名大系第三四巻　岡山県の地名』平凡社、一九八八
安達一彪著、伊藤宜堂生誕二百年記念顕彰事業企画委員会編『宜堂と純亭』鳥取県日野郡江府町、一九九二
岡山県歴史人物事典編纂委員会編『岡山県歴史人物事典』山陽新聞社、一九九四
朝森　要『備中聖人　山田方谷』山陽新聞社、一九九五
矢吹邦彦『炎の陽明学―山田方谷伝―』明徳出版社、一九九六
田井章夫「素顔の方谷先生」(『高梁方谷会報』第一八号、一九九六)
同　「方谷先生小阪部移住と誤り伝えられた宮崎正助の件」(『高梁方谷会報』第二〇号、一九九八)
矢吹邦彦『ケインズに先駆けた日本人―山田方谷外伝―』明徳出版社、一九九八
三島正明『最後の儒者　三島中洲』明徳出版社、一九九八
井原市史編集委員会編『井原市史』４井原陣屋史料編、井原市、二〇〇一
田井章夫監修・方谷を学ぶ会『郷土の偉人山田方谷』中井地域まちづくり推進委員会、二〇〇二
大佐町史下巻編纂委員会編『大佐町史』下巻、大佐町教育委員会、二〇〇三
津山洋学資料館「山田方谷の横山廉造宛書簡について」(『一滴』第一二号、二〇〇四)本署を参照しての出典註記については、「美甘村教育委員会所蔵文書〇」→「美甘村教委〇」、「横山徹所蔵文書〇」→「横山〇」と略記している。
山田方谷に学ぶ会『入門　山田方谷　至誠の人』明徳出版社、二〇〇七
川田甕江資料を読む会編『川田甕江資料集』一、同会、二〇〇八
高梁市教育委員会編『高梁市の歴史人物誌』同教育委員会、二〇一三
真庭市教育委員会編『記録集　聖人・山田方谷と真庭の門人たち―シンポジウム&史料展』同教育委員会、二〇一四
岡山県立博物館『平成二十六年度特別展　山田方谷』同博物館、二〇一四
片山純一「横山廉造に宛てた方谷の書状」(『山田方谷ゼミナール』Ｖｏｌ．３、二〇一五)
竹原伸之「山田方谷の書簡新出資料を中心に」(『研究報告』三五、岡山県立博物館、二〇一五)
狩野稔夫編著『段塚家に関すること　狩野稔夫調査研究資料集１』日南町図書館(複製・製本)、二〇一七

山田方谷と関藤藤陰の交流

山本邦男
（山田方谷に学ぶ会会員
方谷研究会会員）

はじめに

山田方谷と同時代（幕末）に活躍した備中国出身の儒学者に関藤藤陰がいる。

関藤藤陰は、文化四年（一八〇七）二月二四日に備中国小田郡吉濱村（現在の笠岡市吉浜）で生まれており、文化二年（一八〇五）二月二一日生まれの山田方谷の二歳年下である。

方谷は、備中松山藩の元締役や老中首座板倉勝静の顧問として活躍した。一方、藤陰は、天保一四年（一八四三）一一月に備後福山藩に召し抱えられ、藩主で老中首座阿部正弘の側近（「君側御用掛」）として活躍した。共に藩主・老中の側近であり、藩主・幕府を守る同志でもあった。

本稿では、山田方谷と関藤藤陰の交流を通して、この二人が幕末の動乱と戊辰戦争にどのように対応したか、考察することとする。(1)

関藤藤陰肖像（『藤陰舎遺稿』より）

1　交流の始まり

（1）いつからどのようにして始まったのか？

方谷と藤陰の交流は、いつからどのようにして始まったのだろうか？

方谷と藤陰の交流の始まりが分かる最初の書簡が『山田方谷全集』に載っている。(2)これは、二人が江戸で出会ったと思われる書簡で、方谷の江戸出立前に、藤陰が知人である赤川や菅野のことを伝えたものである。

【史料一】

梅天難晴御起居如何と奉想像候、幾人話に而は品によれば明日にも御出立之由左様に御座候哉、扨赤川詩文稿此節同人へ相話候處舊稿兩冊とか他へ參居候由に付、何に而も宜敷手當り次第詩文數篇鳥渡被示候樣申置候へば、混雑中所謂手當り次第と相見へ此冊到來仕候、赤川平生詩文中に於而至る者には無之殊に脱字等も有之樣存申候得共、元より毫も修飾に不及候事ゆへ直に差上申候、扨又幾人儀嫗詠菅野狷介方は承知に相成申候處、幾人彼是申候而只今より直に引越候事には不相成強而押付申候へば却而如何樣之行跡を生し候も難斗、先々其意に任せ申候、宜敷御教示置被下奉願上候、愈明日御出立にも相成候はゞ最早拜顔之期も無御座御道中節角御健行奉禱上候、右謹呈如此御座候　頓首

梅雨月十二日　章(3)再拜

山田仁兄坐下

この書簡は、年の記載がないので、年代比定の考察をしてみよう。

赤川は、「山田方谷先生年譜」（『山田方谷全集』所収）の安政二年（一八五五）の条に、「藩士赤川二郎震死ス。二郎東野ト號ス、先キニ徴サレテ新知五十石ヲ賜ハリ、江戸邸學學頭ニ上ル。」とある人物である。

また、菅野狷介《けんすけ》は、文久三年（一八六三）に姫路藩藩校好古堂の副督学となった人物である。

藤陰は、「赤川二郎が尾藤君に従って浦賀に赴くのを送る」と題する詩を遺している。(4) 尾藤君とは、頼山陽の従兄弟で藤陰と交流のあった尾藤水竹のことで、水竹は、嘉永三年（一八五〇）一一月二八日、浦賀奉行所支配組頭として赴任しており、(5) その送別の時に詠まれたものである。このことから、藤陰と赤川二郎は、遅くとも嘉永三年一一月から安政二年一〇月までの間は、知己の間柄であったことが分かる。

方谷が嘉永二年（一八四九）一二月（備中松山藩の元締役兼吟味役を命じられた時）から安政二年までの間で五月に江戸にいる時期は、「山田方谷先生年譜」の嘉永三年の条に「七月、是ヨリ先キ、先生再ビ江戸ニ上リ、藩邸ニ入ル。此月四日歸藩ヲ許サル。」との記載があることから、嘉永三年であると分かる。従って、この書簡の書かれた日は、嘉永三年五月一二日と言える。

当時、備中松山藩は文武奨励を図ろうとしており、方谷は、藩校教授や江戸藩邸学問所会頭の人選をしていた。方谷は、藤陰をはじめ知己の人物に、優秀な人材の紹介を依頼していたのである。

方谷は七月四日に帰藩を許されていることから、藤陰は方谷と面談できたと考えられる。

それ以前に書状等による交流はあったにせよ、方谷と藤陰との面談による交流は、嘉永三年五月までには始まったことが明らかになった。

（2）方谷が藤陰を知った経緯は？

方谷は、どのような経緯（ルート）で、藤陰を知り、藩校教授などにふさわしい人材の紹介を依頼したのだろうか？

方谷は、旧知であった阪谷朗廬を備中松山藩に招聘しようとしたが、家塾「桜渓塾」を開く準備（嘉永四年（一八五一）開塾）を進めていた朗廬は、これを断り、古賀侗庵《とうあん》塾の同門であった福山藩儒の江木鰐《えぎがく》水《すい》(6)を方谷に紹介した。方谷から優秀な人材の紹介の依頼を受けた鰐水は、頼山陽塾の同門で江戸にいた福山藩儒の藤陰を方谷に紹介したと考えられる。

2　政治情勢・対応の意見交換

方谷と藤陰は、詩の交流もしているが、(7)二人の交流の中で重要な役割を果たしたものは、政治情勢・対応についての意見交換である。そのうち四例を挙げる。

（1）ペリー艦隊来航予告情報

藤陰の赤川二郎宛の書簡が『山田方谷全集』に載っている。(8)

【史料二】

謹啓愈御清健可被成御座奉賀候、此間は大に御地走に罷成難有仕合奉存候。扨山田君御着とか承候。

實否如何、もし實に候得ば必拝訪仕度多分九日十日兩日之早朝に可罷出其内に他へ出掛都合今少し早く罷出候も難斗此段乍憚薄々御噺上置可被下奉賴上候。御方角え幸便鳥渡如此御座候。頓首

仲冬初五日

石川和介

板倉周防守様御内

赤川二郎様

この書簡も年欠である。方谷が嘉永三年から安政元年までの間で一一月に江戸にいる時期を特定すると、「山田方谷先生年譜」嘉永五年（一八五二）の条に「十一月、先生江戸ニ赴ク。此時諸友人ト會議シ、海防ノ事ニ及ブ。」との記載があることから、この書簡の書かれた日は、嘉永五年一一月五日と言える。

老中首座阿部正弘の君側御用掛であった藤陰は、『阿蘭陀別段風説書』を筆写しており、[9]ペリーが率いる米艦隊来航の予告情報を得ている。

この時期、方谷と藤陰は、共に藩政中枢にあって藩外交の窓口の役を負っており、お互いの情報を交換していた。そうした中で、藤陰は方谷にペリー艦隊来航の予告情報を提供したのである。

「山田方谷先生年譜」の「會議シ、海防ノ事ニ及」んだ友人の一人は藤陰と考えられる。

(2) 攘夷奉勅

『關藤藤陰年譜』の元治元年（一八六四）の条に「六月二十五日御内用に付備中松山へ御側使者被仰付候」とあり、[10]藤陰は、備中松山藩へ使者として派遣され、方谷と会談している。六月二九日付けの藤陰から方谷宛書簡には、次のように記されている。[11]

【史料三】

御手簡難有拝見仕候　誠に昨日は升堂一宿迄相願種々御地走頂戴仕奉敬謝候　（略）　於小生久振之拝顔を深山中好風景之御隠宅に而相了　此趣遺世登仙之想　難相忘拝謝之至奉存候

藤陰は方谷の長瀬の隠宅を訪ね、一昨年一一月以来久しぶりに会談している。

また、同日付けの方谷から三島中洲宛書簡には、次の記述がある。(12)

【史料四】

石川（福山藩重臣石川文兵衛）來訪存も不寄事、積懐一散、誠に可喜事に候。但時勢の憂困に至ては何方も同一揆それのみに夜を深し一宿にては残懐の事不少候

方谷と藤陰は、この時、「夜を深し」何を話し合ったのであろうか？

その手がかりとして、七月一六日付けの方谷から三島中洲宛の書簡がある。(13)

【史料五】

序に（長州藩より攘夷の応援の要請があった場合の対応について）申上候。先日福山より御使、主斗《(ママ)》頭様（福山藩主阿部正方）御上書之寫を持參、相談有之候由に付、其寫御廻し致拝見候。（略）右御上書も、攘鎖之儀を嚴敷御申立有之、尚又大平山浪士を、報國盡忠之者と御申立有之候得は、長國も報國盡忠之者に相違無之、右御上書にても、長へ之援兵は能分り居候

方谷が、三島中洲宛の書簡の中で、長州藩から福山藩へ攘夷の応援を要請してきた場合、同藩が長州藩の要請に応じることに理解を示していることは注目される。

福山藩主（主計頭《かずえのかみ》）阿部正方《まさかた》の「御上書」とは、元治元年六月に、老中稲葉正邦へ差し出した建言書で、幕府が攘夷奉勅した以上、日数を重ねれば過激軽挙の輩が夷館に斬り入るなどの行動を起こし天下が

乱れる事態も発生するので、幕府は速やかに攘夷を実行すべきであるという意見が述べられている。(14)

藤陰は、福山藩主の幕府への建言書の写しを持参し、攘夷の実行や長州藩への対応について、方谷と「夜を深し」話し合ったと考えられる。

一方、方谷も、「勅答以来之信義を御推立關東衆議に御構無之外夷を掃攘し内難を鎮撫之事」を上策として老中首座板倉勝静に献策しており、(15)藤陰との話合いでも福山藩主の幕府への建言書に賛意を示したのであろう。

(3) 第一次長州征討

『關藤藤陰年譜』の元治元年の条には「八月晦日猶又同様同所(備中松山)へ御側使者被仰付候」ともある。(16)

方谷と藤陰は、何をこの時は話し合ったのであろうか?

七月一九日に禁門の変が起こり、七月二三日には長州藩征討の勅命が下り、八月一三日に幕府は長州藩征討の部署を決定しており、備中松山藩と福山藩は、芸州藩と松代藩と共に、芸州から岩国を経て山口に攻め込む一番手を命じられている。藤陰は、長州藩征討に関し、福山藩と備中松山藩の対応、幕府と長州藩の間の周旋等について、方谷と意見交換したと考えられる。八月五日から七日まで英仏米蘭四国艦隊が下関を砲撃したことも話題に上ったであろう。

しかし、幕府と長州藩の間の周旋は成功せず、第一次長州征討では、方谷は、藩主板倉勝静から留守中の備中松山藩の全権を委任され、藤陰は、藩主阿部正方に随い、広島まで出陣している。

（4）第二次長州征討

慶応元年（一八六五）四月一九日には、再び長州藩征討の命令が下った。

同年八月二五日付けの方谷の「長州再征出陣期限及び隣交等に関する覚書」[17]には、「福山より承候處、此方より廿八日御出陣と申候を驚き候趣、乍去元より朝命之事故、此方ハ延引仕とハ不被申候へ共、心中ニハ難進事ハ瞭然と能分り候」という記述もあり、藤陰のいる福山藩から出陣の延期を希望する旨の書簡が届いたことが分かる。

また、『魚水實録』に掲載されている「三嶋貞一郎君命にて福山へ使者に參り候口上の大意」[18]は、方谷が福山藩へ赴く三島中洲へ助言した内容であるが、次の記述がある。

【史料六】

過日石川文兵衛を以至密御相談の事件不輕儀にて（略）今度長州の暴行其罪不輕　朝廷　幕府より御征伐被仰出候儀は申迄も無之御至當の事に候　乍去又干戈を動候は天下の御不爲御周旋等にて穩に御處置付候へは無此上儀に候　尤御周旋に公私の差別は素有之事に候　眞に天下の爲と被思召込候ての事なれは可然事に候　乍去御同前追討の命も蒙居候へは又嫌疑を避不申候ては不相成場合も有之候　拙者（山田方谷）へ御相談にて御決着と申事には相成間敷其段は先京都へ御家臣の内早々御登せ與得其筋へ御内談の上御決着可然と存候

藤陰が方谷に幕府と長州藩の周旋を依頼したところ、方谷は、長州藩追討の命が出されている段階では、周旋はできないと断っている。

第二次長州征討において、慶応元年一二月初め、福山藩は石見口へ進出し、慶応二年（一八六六）六月、石見益田において長州軍と交戦したが、敗退し、七月には福山へ撤退した。この時も、藤陰は、藩主阿部正方に随行している。第二次長州征討では、各方面で幕府方（征討軍）が敗退し、将軍徳川家茂の死を契機に戦闘は終結した。

家茂の跡を受けて一五代将軍となった徳川慶喜は、幕政の改革と軍制の改革を図ったが、朝廷と結んだ討幕派の攻勢に抗し切れず、慶応三年（一八六七）一〇月一四日、大政奉還を奏上して、将軍職を辞した。

時局が大きく変転する中で、福山藩主阿部正方は、一一月二二日福山城において、二〇歳の命を終えている。

3　戊辰戦争時の二人

（1）慶応四年正月、藤陰、備中松山へ赴く

幕府は大政を奉還したが、あくまでも武力倒幕を図る薩長等の諸藩は、京都を目指して、兵力を集中しており、方谷と藤陰は、薩長等の諸藩と幕府との戦争が起こることを危惧していた。

藤陰は、方谷との意見交換を踏まえ、『国論主義書』[19]を著し、福山藩の藩論をまとめている。史料七は、その抜粋である。

【史料七】

若シ世乱レ萬一天朝徳川氏ノ間ニ干戈紛擾ノ変アルニ至ラバ進退殆ド究スルニ似タリ、然レ（ト）モ守ル所ハ君臣ノ名分ナレハ戎服不着百方徳川氏ヲ諫争シ天朝ヘ歎願シ、必ス死力（ヲ）以テ其間

ニ周旋シ無事ヲ謀ルノ外ナシ、即チ人倫ノ大節君臣ノ名分ヲ終始固執スルナリ

方谷は、大政奉還後の慶応三年（一八六七）一二月に、老中首座板倉勝静の諮問に応えているが、その献言の骨子は、「上は尊王の御為、下は安民の為」という見地に立って事態を処理すべきで、「権謀・内乱」の二患は避けなければならないというものであった。(20)

そして方谷は、元締役神戸謙次郎に内意を含めて、「朱墨分書ノ献言」を持参の上、上坂させ、一二月二六日、板倉勝静に説明させたところ、勝静はこれを受け入れた。翌日、板倉勝静の命を受け、神戸は、永井玄蕃頭へ、吉田謙蔵は、会津、桑名両藩に赴き、説明したところ、異議は出なかったという。(21)

《正月二日》

こうした中、慶応四年（一八六八）正月二日、藤陰は、「御内用に付備中松山へ御側使者被仰付」、備中松山へ赴いた。(22)

藤陰は、途中、井原で阪谷朗廬に師の頼山陽の遺稿や兄の関正方《まさみち》の(23)遺品等を託している。(24)自らの死も覚悟していたのであろう。

《正月三日》

藤陰は、朗廬宅で一泊し、早朝に備中松山へ出発した。

藤陰が備中松山に着いた正月三日夕刻、方谷と藤陰が懸念していた鳥羽・伏見の戦いが勃発している。

《正月五日》

正月五日の昼、備中松山に在坂の神戸謙次郎から正月元旦付けの方谷宛書簡が横屋譲之介によって届く。時局収拾の方谷の献言は藩主板倉勝静に受け入れられたので、一安心だが、陸軍隊御日付辺りは分かりかねるというものであった。(25)

しかし、大石隼雄・桑野龜・金子外記の三家老から方谷宛の正月五日付けの書簡には、「君公より譲之介被仰含候御旨も、十に八九は戦争と可相成、其御覺悟にて國元に於而も守衛屹度備可申旨御沙汰に御座候」とあり[26]、戦の可能性が極めて高い状況であることを報告している。

さらに、正月五日付け三島中洲の方谷宛書簡には次の記載がある[27]。

【史料八】

石川（福山藩外交方石川文兵衛後ノ關藤藤陰）被参候御案内申上置候處へ、京都より横屋氏帰着に付、京都之模様爲聞候處、此變動を知りながら帰國不仕ては不心濟と申て、直様福山へ被引取申候。右に付御宅へ無據不被訪、此段御領承可被成候

横屋が神戸の方谷宛書簡を備中松山へ持ち帰った時、藤陰は、三島中洲等と同席しており、横屋から「十に八九は戦争」という切迫した現地の情報を入手したことから、方谷の寓居を訪問せず、急いで福山へ帰ったのである。

《正月六日》

方谷に会わず急いで備中松山を後にした藤陰は、正月六日、「戌ノ上刻」（午後八時頃）に福山へ帰着した[28]。

《正月八日》

正月八日、藤陰からの使者が備中松山藩へ、長州藩兵が福山城へ押し寄せる様子であること、備中松山藩への攻撃も計画している模様なので事前に備えをしておくべきであると伝えている[29]。

《正月九日》

正月九日には、神戸謙次郎から正月五日付けの三島中洲宛書簡[30]が届き、鳥羽・伏見の戦いの勃発を知ら

せている。同日深夜には、足軽小頭貝原誠之介が帰国し、備中松山藩の重臣に戦いの詳細を報告している。(31)「山田方谷先生年譜」は、次のように記している。(32)

【史料九】

我藩ニ在リテハ、神戸謙次郎一日附ノ書信大阪《ママ》ヨリ達シ、先生（山田方谷）ノ建議採納ノ吉報ヲ寄ス、衆情大ニ安ンズ。時ニ福山藩石川文兵衛（後ノ關藤藤陰）東事ヲ探ツテ我藩ニ在リ、賀杯ヲ擧ゲテ去ル。既ニシテ九日、謙次郎五日附ノ書信至リテ、伏見ノ變ヲ報ズ、衆情愕然タリ。加之夜半大阪《ママ》在勤ノ貝原誠之介（足輕小頭）歸來シ、詳報ヲ傳フ。

しかし、藤陰は、「賀杯ヲ擧ゲテ去」ってはいないことを指摘しておきたい。

史料八等から分かるように、藤陰は、正月五日に備中松山において、薩長等の諸藩と幕府との戦が十中八九起こるとの情報を得て、方谷に会うことなく直ちに福山へ帰っている。帰藩した翌日には、備中松山へ急使を送り、長州藩兵が福山に迫っているので、備中松山藩も同様の事態へ備えるよう通報している。そして、その後、正月九日に備中松山藩へ鳥羽・伏見の戦いの知らせが届いたのである。

（2）福山藩の状況

慶應四年（一八六八）正月九日、尾道に集結していた長州軍は、進撃を開始し、福山藩に対し一方的に宣戦し、城に砲撃を加え、城北から突入してきた。『藩記』は、次のように記している。(33)

【史料一〇】

（慶応四年正月）九日、長州兵不意来襲ス、（略）城ノ南門ノ攻撃甚急迫ナリ、重臣吉田水山・側用役石川文兵衛（関藤藤陰）二人門ヲ開キ出テ砲丸ヲ冒シテ長兵ノ隊前ヲ進ミ、直ニ當面ノ一隊長

ニ面シ反覆討論ス、隊長我二人ヲ路傍ニ待タセ、決ヲ参謀ニ取テ承諾ヲ告ク、二人止戦ヲ約シ還ル

藤陰は、重臣吉田水山とともに、平服のまま刀も帯びず、大手門を出て「砲丸ヲ冒シテ」進み、長州軍の隊長と和平について論議を交わした。

藤陰たちは、「長州等へ徳川征伐の命が朝廷から出されたということであれば、諸国にもお触れもあるはずだが、一向に御沙汰もないのはどういうことか?」、「天皇の命とは恐れ入るが、昨年一一月に我が殿様は御逝去あそばされている。とても戦をすることにはならない。戦は平にお断り申し上げる。」などと主張した。[34]

長州軍の隊長は、二人を待たせ、杉孫七郎参謀の許可を得て帰ってきたので、二人は止戦を約束して城中に戻った。

その後、長州軍の杉孫七郎、井上聞多、堀真五郎等が入城し、大書院において、福山藩の九名の重臣、陪席の藤陰等と会見した。福山藩側から「王政御復古之御折柄、一藩之持論全ク大義滅親之儀ニ一決　朝命ヲ一途ニ遵奉仕候」という誓書を渡し、長州軍側からは、「然上ハ已後　朝命奉戴之儀ハ彌相勵可申事」という返書が渡されて和議が成立した。[35]

このように、藤陰は、三島中洲をはじめとする備中松山藩の重臣等からの情報を的確に把握し、砲弾に身をさらして長州軍を説得、和議を成立させ、福山の人々を戦禍から救ったのである。

(3) 備中松山藩の状況

慶應四年正月一一日、朝廷から備中松山藩征討の命が備前岡山藩に下され、正月一五日には、同藩の筆頭家老伊木若狭を総督とする征討軍が、備中松山から一二キロ南方の美袋まで迫った。

『戊辰國難始末』に次の記述がある。[36]

【史料一一】

此日（正月一五日）重臣金子外記の自邸に會し諸般を談する者重役及顧問山田安五郎用人役番頭目付役元締役等なり　席上山田安五郎一議を起して曰く　曩日官軍に提供したる願書中徳川慶喜大逆無道の四字あり　斯は臣子として云ふに忍ひさるの語なり　況んや堂々たる國家の大事他日必らす歴史に存すへし（略）安五郎一死を以て君に謝すへし云々と（略）種々論難講究の後兎に角臣子たるもの、至情を陳へ斯論を軍門に提出すへしと云ふに決し大逆無道の四字に換ふるに輕擧暴動の四字を撰び

方谷が、嘆願書の草稿にある「大逆無道」の四文字は、家臣として忍び難い語で、他日必ず歴史に残るので換えるべきであると発議している。

この時、方谷は、妻のみどりや矢吹久次郎宛に遺書を作成しているとおり、[37]嘆願書の「大逆無道」という字句を換えるべきであるという主張は、方谷が伏刃も覚悟した非常に重いものだったのである。

藩主板倉勝静は、徳川慶喜と共に大坂から江戸に逃げて、行方知れずの状態であったが、備中松山藩の三家老から征討軍総督伊木若狭へ、字句の修正が認められた嘆願書を提出し、正月一八日、備中松山藩は、平穏のうちに城地を征討軍に明け渡し、城下は戦禍から免れた。[38]

方谷は、備中松山藩から征討軍総督伊木若狭への嘆願書の「大逆無道」の字句を「軽挙暴動」に換えて、藩主板倉勝静の名誉を守るとともに、藤陰と同様、藩主不在の中、備中松山の人々を戦禍から守ったのである。

おわりに

山田方谷と関藤藤陰の面談による交流は、嘉永三年（一八五〇）五月に始まり、二人は、折に触れて、国内の政治情勢等について意見交換を行っている。二人は、戊辰戦争前には、天朝と徳川幕府の間に干戈紛擾の変が起こった場合には、「戎服不着百方徳川氏ヲ諌争シ天朝へ歎願シ、必ス死力（ヲ）以テ其間ニ周旋シ無事ヲ謀ルノ外ナシ、即チ人倫ノ大節君臣ノ名分ヲ終始固執スルナリ」（藤陰の『国論主義書』）、「上は尊王の御為、下は安民の為」（方谷の板倉勝静への献言）という対応方針に至った。

そして、この方針に基づき、二人は、その学識と胆力を以って、戊辰戦争に際して、征討軍を説得し、藤陰は、藩主が死去していた福山の城下の人々を、また、方谷は、藩主が行方不明であった備中松山の城下の人々を戦禍から守ったのである。

本稿では、方谷と藤陰の交流についてみてきたが、方谷の実像に迫るためには、今後も関係史料を掘り起こし、精緻に読解・分析の上、多角的により深く究明していく必要があろう。

【注】

（1）幕末維新期の備中松山藩の動向については、朝森要『幕末史の研究—備中松山藩—』（岩田書院、2004年）、『岡山県史　近世Ⅳ』（1989年）、『増補版高梁市史　上巻』（2004年）等を、備後福山藩の動向については、森本繁『福山藩幕末維新史』（内外印刷、1982年）、『広島県史　近世2・近代1』（1984・1980年）、『福山市史　近世編』（1968年）等を参照のこと。

（2）山田準編『山田方谷全集』（山田方谷全集刊行会、1951年）第三冊2280・2281頁

（3）関藤藤陰の名前は、関藤元五郎（生誕時の通称）、石川元五郎（養子先での名前）、石川淵蔵（文政十年頃改名）、関五郎（頼山陽塾での通称）、石川和介（弘化三年改名）、石川文兵衛（万延元年改名）、関藤文兵衛（明治元年本姓に復す）と変わっている。諱は成章、字は君達、藤陰と号した。

（4）関藤國助編『藤陰舎遺稿』（私家版、1911年）68頁

（5）鍋田三善『昌山蘭臭』、深井雅海・藤實久美子編『江戸幕府役職武鑑編年集成』第29巻（東洋書林、1998年）

（6）江木鰐水は、関藤藤陰に二年遅れて頼山陽の門に入り、山陽死去の後、昌平坂学問所教授の古賀侗庵に学び塾頭となった。鰐水は、阪谷朗廬とは、古賀侗庵塾の同門で、天保十二年（一八四一）に二人は、北越を旅するなど、交流は深かった。

（7）方谷と藤陰の詩の交流については、『藤陰舎遺稿』、関藤國助編『關藤藤陰年譜』（私家版、1928年）、『山田方谷全集』等を参照のこと。

（8）『山田方谷全集』第二冊1507頁

（9）『阿蘭陀風説書』は、毎年長崎に来航するオランダ船がもたらす海外情報書。アヘン戦争を契機に詳しい情報を幕府が求めたため、天保十三年（一八四二）から「別段」に詳報が提出された。嘉永五年（一八五二）の『阿蘭陀別段風説書』は、新オランダ商館長として赴任した、ドンケル・クルティウスが提出したもので、米艦隊の来航予告情報が掲載されている。藤陰の『阿蘭陀別段風説書（嘉永五年・司天台訳）』写本は、神奈川県立歴史博物館が所蔵している。

（10）『關藤藤陰年譜』118頁

（11）『山田方谷全集』第二冊1505頁、『關藤藤陰年譜』113頁

（12）『山田方谷全集』第三冊2151頁。『山田方谷全集』では、慶応二年の書簡としているが、同年六月下旬には、藤陰は藩主阿部正方に従い第二次長州征討のため三次に滞陣していたので、この書簡は、元治元年のものと考えられる。

（13）『山田方谷全集』第三冊1869頁

（14）東京阿部家文書『藩記』元治元年六月の条

（15）『山田方谷全集』第三冊1799頁

（16）『關藤藤陰年譜』118頁

（17）『山田方谷全集』第二冊1529～1532頁

（18）國分胤之編『魚水實録』（舊高梁藩親睦會、1911年）坤之巻458・459頁

(19)東京阿部家文書『旧藩士履歴書』
(20)『山田方谷全集』第三冊1940～1945頁
(21)『山田方谷全集』第三冊1950頁
(22)『闞藤藤陰年譜』122頁
(23)関政方は、医師で国学者、歌人。音韻を研究し、『傭字例』を著したことで世に知られる。晩年、関臯翁《ふおう》と称した。
(24)坂田丈平・阪谷芳郎編・発行『朗廬全集』(1893年)756・757頁
(25)『山田方谷全集』第三冊1950・1951頁
(26)『山田方谷全集』第二冊1543頁
(27)『山田方谷全集』第二冊1547・1548頁
(28)『石川文兵衛手記』慶応四戊辰歳正月六日の条
(29)水野正之『戊辰國難始末』(野田實編『吉備文庫』第六輯、山陽新報社、1932年)2頁。なお、著者の水野正之は、旧備中松山藩士で改名前の名は井上権兵衛である。
(30)『山田方谷全集』第二冊1544～1547頁
(31)『戊辰國難始末』4頁
(32)『山田方谷全集』第一冊102頁
(33)『藩記』明治元年正月九日の条
(34)『慶應四歳辰正月九日　福山長州應説之趣』を筆者が現代語訳した。
(35)東京阿部家文書『戊辰正月薩長藩兵ガ差出タル戟書並ニ回答書』、東京大学史料編纂所編『復古記』第九冊(東京大学出版会、1929年)48・49頁、末松謙澄『防長回天史』第六編(末松彦発行、1919年)60・61頁
(36)『戊辰國難始末』18～21頁。なお、「大逆無道」の字句を含んだ嘆願書については、朝森要氏が『幕末史の研究―備中松山藩―』の中で指摘されたとおり、備中松山藩から事前に備前岡山藩へ提出されたということは事実に反すると考えられる。宮原信『哲人山田方谷とその詩』(明徳出版、1978年)321～327頁も参照のこと。
(37)『山田方谷全集』第一冊103頁、第三冊2035～2037頁
(38)『復古記』第九冊66・67頁

エッセイ・探訪

備前・蕃山の「方谷先生旧廬址」の「廬」をめぐって

片山純一（方谷研究会代表）

一 「方谷先生旧廬址」の「廬」を問う

備前市の指定史跡「方谷先生旧廬址」は、市内蕃山の古刹正楽寺の西に建つ「息游軒遺址碑」から北へ約五〇m、山陽新幹線の線路脇にある。この「旧廬」の往時の佇まいはいかなる姿をしていたのか。明治七年に建てられ、春秋に使用した主人が世を去り、築後一〇年ほどで姿を消した建物のつくりを知りたく、探ってみた。

この「草廬」を遠望した図がある。「備前熊澤蕃山旧宅址草廬図、其事三島中洲詩ニ見ユ（閑谷ヲ距ル二里）」として山田方谷全集第二巻の口絵を飾る。モノクロなので原物が着色か淡色か、墨筆なのか、また、寸法や表装の有無などは不明であるが、山麓に樹木に囲まれて平屋と二階建ての家屋二棟が描かれ、本瓦葺きの入母屋づくりのような建物の外観は、「廬」から想起するイメージとは随分と異なる。描いたのは中村月台である。

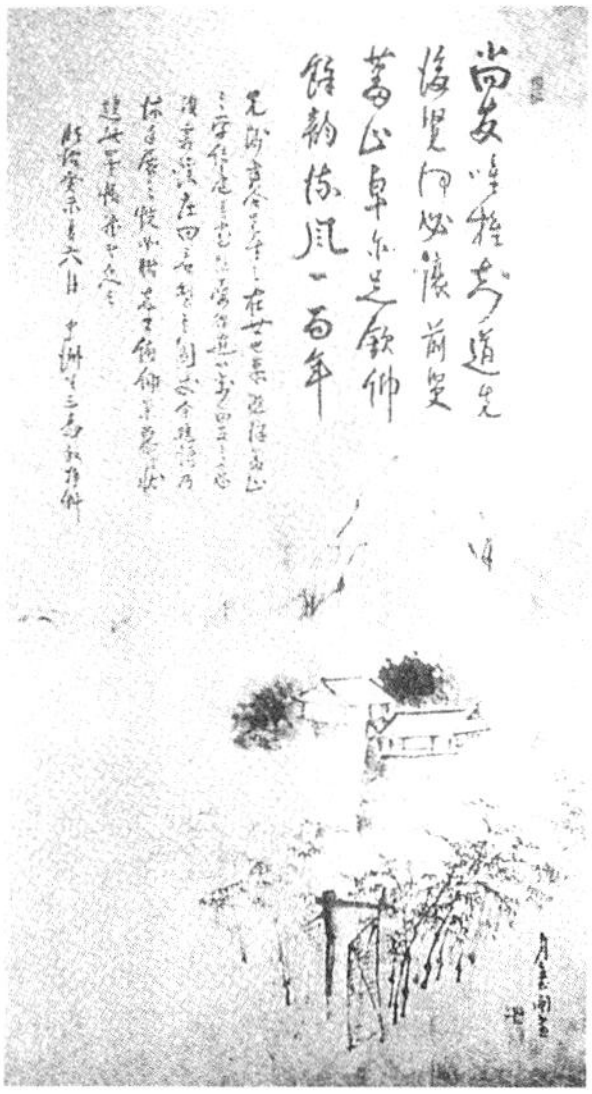

中村月台が描く草廬の図

漢和辞典で「廬」をひくと、「いおり、仮住まい、草庵」、「いえ、家」、さらには「はたご、宿屋」、「とのい、宿直のへや」から、「やどる」「いおりを結ぶ」といった動詞的な用法までいくつもの説明が並ぶ。蕃山旧宅址に建つ「廬」は、山田方谷が年に春秋二回、各一～二か月ほど再興なった閑谷精舎（以下「閑谷学校」と記す）へ督学に赴き、その合間に訪れ遊憩した建物であることから、仮住まいの簡素な家屋をイメージし、「廬」として脳裡に描く。それは、一つには方谷が明治三年に小阪部へ移寓した際に母の実家の菩提寺・金剛寺境内に建て現存する祠堂「方谷庵」―それはまさに仏間と茶室と書見の間からなる五坪ほどの空間―を思い浮かべるからかもしれない。

二 「廬」と言いだしたのは誰か

蕃山で山田方谷が遊憩の場とした建物を、いったい、だれが「廬」「草廬」と称し、言い始めたのか。実際の建物はさておき、その表記に注目してみよう。

山田方谷に懇望され閑谷学校の教師に招かれた坂田警軒は、この「廬」を訪れたこともあり、明治一七年に撰文した「方谷山田先生遺愛碑」のなかで、建物を「小廬」「廬」と記している。少し下って明治二四年刊行の「閑谷黌史」では「衆為に小亭を其の地に築き先生遊息の所と為す」と「小亭」と表記されているようだ。これが、明治三八年初出の「方谷年譜」では「草廬」となり、備前市教育委員会が設けた「山田方谷宅址」の案内板の解説では、「方谷年譜」にならってか「草廬」と誌し、茅屋の質素なつくりの印象を与えるのに一役買っている。

昭和 57 年再建の方谷先生旧廬址の碑と案内板

もっとも、「廬」とは異なる表現もある。方谷の推挙によりに明治七年に閑谷学校で教鞭を執った元備中松山藩儒の鎌田玄渓は、一一月、方谷に従い蕃山を訪れ、「中川某築一楼於蕃山先生遺址　以為方谷翁遊息之所　余亦陪遊」と題して詩を詠んでいる。「故居零落星霜　新起書楼水竹傍　…」。そこでは、遊息の場所には「楼」の字が用いられている。「楼」は「たかどの」「二階建て以上の高い建物」「高くて大きな建造物」「二階建ての建物」「やぐら」などの字義がある。

まさに、中村月台が描いた建物ではないか。他に「屋敷」と記す人もいる。

方谷自身はどうかといえば、漢詩で「蕃山山下有熊澤翁宅址　諸生為築小廬」と詠み、「小廬」の表現を用いている。建ててくれた人々への好意に対する感謝は勿論として、一方で古人にならって幾分は風流人を気取り、また世間を慮んばかり謙った思いもあったのか。ここで古人とは、中国の東晋時代の詩人である陶淵明が飲酒と題して詠んだ冒頭の句「結廬在人境　而無車馬喧」の「廬」、即ち粗末な家をイメージするのだが、あくまでもそれは俗塵を避け隠逸を志向する詩人の世界でのこと。方谷の場合は、これに加えて、短期間の逗留、滞在場所といった意味をも含有させたのではなかろうか。つまり、「廬」は建物の規模やつくりを必ずしも意味するのではなく、使用形態を指すものであったと解することはできまいか。むろん、中村月台の描く建物が、眼前の「廬」を写実したものであることが前提にある。

三　「廬」を建てたのは誰か

旧備前岡山藩士の中川横太郎や谷川達海、岡本巍らに請われ、閑谷学校の復興に尽力し、老体を厭わず閑谷の地を訪れた方谷。最初の督学は明治六年三月から四月、続いて一〇月から一一月。翌七年は五から六月、そして、一〇月から一一月で、「方谷年譜」によるとこの一一月の項に「閑谷校ヲ距ル数里、村アリ蕃山ト云フ、熊澤蕃山宅址ヲ存ス。岡本巍等草廬ヲ玆ニ構へ、先生遊息ノ所トナス」とある。

一方、坂田警軒の「方谷山田先生遺愛碑」には、「先生一日熊澤氏の宅地を観て、低徊去る能わず。三氏乃って其の址に就いて一小廬を設け、以て遊息の所と為す」と記されている。このことから、前年の来校時か、七年の初夏に、蕃山旧宅を案内された方谷は、感無量で同所を去るに忍び難く、周囲の人々は方谷の蕃山を思慕敬愛する思いの深甚さを眼前にし、あるいは、伝え聞いて、方谷の労苦に報いるために当地に遊息の場を設けることを企てプレゼント、今風にいえばサプライズしたとしても、一向に不思議ではなく、「方谷年譜」なども同様に記するところである。

しかし、異説がある。特別史跡旧閑谷学校顕彰保存会が発行する「閑谷学校研究」第21号（平成二七年刊行）に、論攷「山田方谷の廬跡に関する再考」を発表した文化史研究家で元加子浦歴史文化館学芸員の村上節子氏は、草の廬を築いたのは、方谷を敬愛し、また熊澤蕃山を追慕する思いの厚い地域の人たちで、そのとりまとめ役ともいえる中司通明が廬を築いたという。村上氏には先行する研究として「東備の雄・中司通明の功（1）（2）」（「閑谷学校研究」第5号、6号）があり、それによれば、中司は旧日生村の名主の大庄屋で、明治になっては和気郡の区長、副区長を務めた地域の名望家にして知識人。方谷を畏敬し、坂田警軒とも交流があり、警軒に方谷撰文の「井田の碑」の題言や「方谷山田先生遺愛碑」の文を依頼している。

村上氏はこう説く。「草の廬について坂田は旧岡山藩の岡本巍・谷川達海・中川横太郎らが築いたとみる。しかし永山卯三郎の「岡山県通史」・「閑谷黌史」では「衆」が築いたことになっている。方谷に井田碑の撰文をかいてもらった場所はこの草の廬であり、廬を撤去したのも通明であることから判断して「衆」即ち通明が築いたとするのが妥当であろう」

別の解釈もある。「高梁方谷会報」第4号（昭和五七年発行）は、昭和五一年の集中豪雨で倒壊し流出して放置された状態であった「方谷先生旧廬碑」の再建に至る経緯を紹介するなかで、再建に尽力した元伊里中学校校長で正宗文庫理事長の青山一男氏の回顧談を載せる。そのなかで正宗敦夫の言として、「…熊澤蕃山先生の徳を慕われた山田方谷先生が、閑谷学校の督学としての任務の余暇に、二階建ての家を建てて住んでおられた。その家は生徒が先生のために建てたのだが、今はなくなっている…」と紹介してある。閑谷学校で学ぶ生徒たちが、師の方谷のために建てたものなのか。また、山田琢先生も「高梁方谷会報」の前掲号で、「閑谷学校の生徒たちの有志は、方谷の他郷寄寓の情をなぐさめるために、閑谷から遠くない蕃山村に屋敷を構えて方谷の休息の所とした」と、同様な所見を披露する。前掲の方谷が詠んだ詩にも「諸生為築小廬」とあり、確かに、生徒達が相談し拠金して師のために設けたとも読み取れる。もっとも、方谷にとっては、前記の横川、谷川、岡本三氏も生徒と解することもできるのだが。

さらに他説がある。就実大学の山田芳則教授は、「閑谷学校ゆかりの人々」（平成一五年財団法人特別史跡閑谷顕彰保存会編）で鎌田玄渓を紹介し、前掲の詩も掲げてこう記述する。「熊沢蕃山の遺址に「一楼」を築いたのを「中川某」とするが、中川横太郎や岡本巍など当時閑谷学校の再興に努力した人々によって築かれたとするのが正しいところである。すなわち方谷先生遊息の小廬は閑谷精舎の会計によって建てられまかなわれたのである」。これを裏付ける史料として、平成五年に、明治七年の「閑谷精舎諸雑費明細帳」と「精舎精舎月俸・備品・諸雑費共証書」が発見された。

閑谷精舎の新出史料を紹介したのは川崎医療福祉大学の加原耕作教授で、「閑谷学校研究」第6号（平成一四年刊）に「閑谷学校の運営に関する若干の考察」として掲載、教職員の月俸や旅費、書籍や調度品、備品や修繕費の他、山田方谷の送迎費用や賄料（小阪部から随従した生徒十数人分を含む）などの明細も紹介する。そして、蕃山に建てた草廬等の作事費の証拠書類も残されており、「草廬の屋根葺きに要した麦わら・縄・竹代及び屋根屋の人夫賃十八円六十五銭余を諸雑費及び作事費として支払った」と記する。詳細には、明治七年一月に大工に工事の手付金六円を払い、四月に着工し八月に棟上げを終えて屋根を葺き、方谷が訪れた十月十五日に畳を敷き、屋根葺きには藁七三〇貫目、粉麦（小麦）藁八十束、麦藁二十二束、縄二十束半、竹三束と人夫二十四人六歩を要し、また、畳は古い畳を表替えをして利用したという。そして、加原氏はこう書く。「草廬の規模や間取りは明らかではないが…表替えをして納めた畳は六畳分であったから、畳敷の部屋は六畳一間であったとみてよい。おそらく、茶室風の簡素な建物だったのであろう」と。

では、中村月台が描いた建物は一体なにか。村上節子氏は、私見として「事実を描くのではなく蕃山研究家の通明の史料によって蕃山の居宅の想像図を描いたのではないか」とみる。確かに、全集の口絵のタイトルは「備前熊澤蕃山旧宅址草廬図」で、方谷の名はない。しかし、これでは、後述するように、蕃山に残る方谷先生愛用の建物を写し留め後世に残すことを自らの責務とした月台の名折れのような気がしてならない。

それに、先の正宗文庫理事長の青山一男氏の回顧談にある、八十歳の古老からの伝え聞きの「今の正楽寺の西、旧宅址碑の五〇mばかり北の桑畑の東端に、二階建ての家があって、老人が杖をついて歩いていたのをよく見て知っている」という証言がやはり気になる。(この古老は昭和二八年当時八〇歳であるから、生年は明治六、七年か)。もっとも杖をついた老人が、方谷とは断定できない。坂田警軒の「方谷山田先生遺愛碑」では、方谷には老僕が蕃山へ従ったとされているからだ。(この件も他説があり、宮原信先生は草廬で方谷の身の回りの世話をしたのは若い旧岡山藩士であるとし、その藩士の回想を紹介している「高梁方谷会報」第2号所収)

四 「廬」を描いた中村月台とは何者か

旧備中松山藩の人物を調べる際に重宝しているのが佐藤亨編集発行の「高梁歴史人物事典」である。平成一八年刊行で、二三年に改訂版がでたが、地元出身者はもとより高梁を訪れたゆかりの人物をはじめ古今にわたり三五〇人ほどを紹介し、注も施し参考文献も掲載した周到で丁寧なつくりで大変な労作である。「岡山県歴史人物事典」(平成六年山陽新聞社刊)には掲載されない人物も多く、情報量も豊富だ。そのいい例が中村月台である。山田方谷に漢書を学んだこと、絵の嗜みがあり画を浦上春琴の高弟に、また、書を高宮三峯に学んだこと、県立高梁高等学校が月台の描く山水図を所蔵していることについては、「高梁歴史人物事典」でなければ知り得ない。

本名は源蔵で城下の本町に天保三年(一八三二)に生まれ、後に豪商の伯父の養子となる。明治の世になっては、区長や小田県会の副議長を務め、私財を投じて地域の殖産興業の育成振興に奮迅し、明治後期から昭和中期まで備中地方で隆盛を誇った麦稈真田の礎を築いた。「方谷年譜」には明治六年の項に、山田方谷起草の「伯備間車馬開通存意書」を携えて矢吹久次郎らと小田県の矢野権令に提出したことが記されている。

明治七年の「方谷年譜」には、岡本巍らが方谷の遊息のために草廬を築いたことを紹介し、方谷が詠んだ漢詩を掲げた後に次のように誌されている、「右蕃山宅址ノ草廬ニ就テハ、明治十六年、高梁ニ於ケル先生七周年忌ノ際、門人荘田賤夫ガ発議シテ、中村月台ニ嘱シ、草廬ノ図ヲ作ル。三島毅之ニ左ノ詩ヲ題ス」とある。この草廬の図が、冒頭で紹介した山田方谷全集第二巻の口絵に掲げられたもので、中洲の詩も添えられている。

それに先立つ明治一五年の方谷の命日、東京では方谷先生五年祭が催され、板倉勝静・勝弼父子に、三島中洲、川田甕江、原田一道らが集い、高梁でも方谷の門弟らが会したことが昭和三年刊行の「方谷先生頌徳詠集」(平成一八年復刻「高梁方谷会報」所収)に記されている。そして、「頼久寺薦事」として荘田賤夫の一文が紹介され、そこに中村月台が登場する。原文は漢文であるが要約すると、「明治十五年六月に旧高梁藩の服部犀渓、石川伯介、荘田賤夫や中村源蔵等十数人が頼久寺で薦事を営んだ。そのときに、談たまたま先生が閑谷学校教授時代に蕃山村の熊澤蕃山退隠の地に喜んで住まわれたことに及び、自分(荘田)も嘗て先生に従って数日淹留したことがあり、その地形や廬の詳細を知悉していて、即興で筆をとって概略を写した、すると、中村月台が側にいて、杯を擲ってこういった。これは自分の任である。直ちにこの図を製作し、みんなに広くみてもらって永久に残したい。光景は宛然として目に焼き付いていて、他方で先生の音容は渺邈として日に遠くなり、懐旧の感に堪えない…」。年譜の記述とは少々異なる。絵心のあった月台自らが進んで製作をかってでたのである。三島中洲の詩作が明治一六年だから、作画はその前であろう。

ところで、山田方谷全集第二巻口絵の中村月台描く「備前熊澤蕃山旧宅址草廬図」の原物を見たく、方

無量壽庵(大正5年「方谷先生年譜」より)

谷全集を編んだ山田準先生の後裔で当研究会山田敦顧問、高梁方谷会の石井保副会長にお尋ねし、また、折しも「高梁ゆかりの日本画展」を開催中の高梁歴史美術館に問い合わせてみたが、原物の所在は確認できなかった。実業家、地方政治家としての月台に比し、画については、才か自身の意思かはともかく、業とするには至らなかったのであろうか。

しかし、方谷は中村月台の絵を好んだようである。月台には、方谷が長瀬塾に設けた「無量壽庵」を描いた作品もあり、これは「方谷年譜」の口絵にも掲載されていて、図には方谷も描かれ、方谷は「長瀬草堂の図に題す」として七言絶句を詠んでおり、その内容から描かれた図がたいそう気に入った様子がうかがえる。

なお、「高梁方谷会報」第4号には、当時の方谷会事務局長の菊楽末一氏が「産業の先覚者・中村源蔵」を執筆、実業家としての月台の功績とともに、方谷とその門弟たちとの酒席で月台が山水図を描くなど風雅な交流の一端も紹介、次号で月台遺作の書画の掲載を予告しながら、故あってか続編はみあたらない。「高梁歴史人物事典」によれば、明治二八年にこの世を去った月台の墓は神戸にあり、高梁の薬師院には三島中洲撰文の「月台中村君彰功碑」と「辞世の歌碑」があるという。

五　「廬」には寄宿舎もあったのか

現在、備前市蕃山の「方谷先生旧廬址」の碑の傍らには、備前市教育委員会により案内板が設けられている。その説明文の後段には、「方谷は、春秋の二回、各一〜二か月ほど来校するだけではあったが、この草廬をたいへん愛し、生徒も二〇人くらい寄宿していたといわれる」

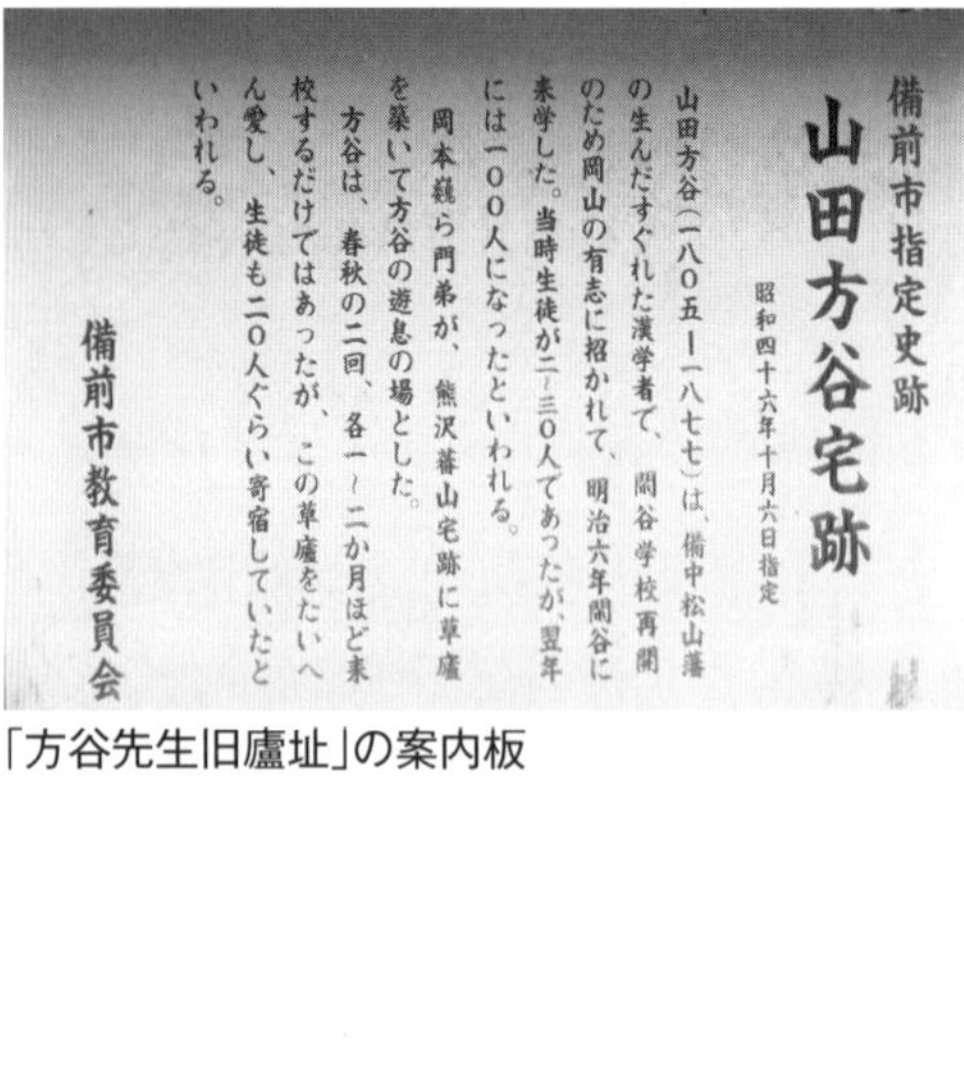
備前市指定史跡
山田方谷宅跡
昭和四十六年十月六日指定
山田方谷（一八〇五－一八七七）は、備中松山藩の生んだすぐれた漢学者で、閑谷学校再興のため岡山の有志に招かれて、明治六年閑谷に来学した。当時生徒が二・三〇人であったが、翌年には一〇〇人になったといわれる。
岡本巍ら門弟が、熊沢蕃山宅跡に草廬を築いて方谷の遊息の場とした。
方谷は、春秋の二回、各一～二か月ほど来校するだけではあったが、この草廬をたいへん愛し、生徒も二〇人ぐらい寄宿していたといわれる。
備前市教育委員会
「方谷先生旧廬址」の案内板

と紹介する。草廬は寄宿舎も兼ねていたのか。否、別棟で寄宿舎があったのか。とすれば、中村月台の描く二階建ての家屋が現実味を帯び、二〇人の生徒が寝泊まりした寄宿舎であったとも解釈でき、寄宿舎を含めて「廬」、「草廬」と称したのか。

そこで、備前市教育委員会に説明文について尋ねてみたところ、当該記述の出典は高梁方谷会の会報誌との返事。かつての建物の礎石を調査した結果に基づくものかと思っていただけに意外であったが、昭和五一年の大雨が地層もえぐるほど烈しいものであったのであろうか。それはともかく、会報誌の復刻版を繙いてみたが当該箇所は見つけることができず、他方で方谷全集収録の書簡にそれらしき箇所があった。それは、明治七年（?）に方谷が津山藩儒大村斐夫に宛てた閑谷学校の講師の依頼で、そこには「…　生徒は二十員位は寄宿罷在候尤時々増減は不定候差而御心配の御事は無御座候…」と綴られている。文脈から、この寄宿が蕃山の「廬」であると即断するのはためらいがある。なぜなら、閑谷の学校にも寄宿舎があったからだ。

「閑谷学校史」によれば、藩政期の閑谷学校には、「遠方の村村出身の生徒は学房に寄宿していました。学房では、一部屋に数人が寝息していました」とあり、この学房が寄宿舎であり、明治六年の閑谷学校再開に向けて、関係者は学房も整備している。そして、同年の閑谷精舎塾則には、「寄宿生徒飯料、翌月五日限たるべき事　同生徒、午前七時寝具を納め、午後十一時寝に就くべし…」とある。前掲書によれば、再開した時には二十人ばかりであった生徒も、明治七年五月の方谷来校時には百人に達したとあるから、寄宿する生徒も少なからずいたはずである。

さらに、方谷の依頼を受けて明治八年冬から一年の約束で坂田警軒が閑谷を訪れた時のことを、「閑谷黌史」は「坂田氏悉く興譲館の生徒を率いて来校せらる」とあり、当時の興譲館生徒数については手元に史料がないが、閑谷での勉学は大半が寄宿であったであろうし、また、小阪部から方谷に随従した生徒が十数人いたとなれば、閑谷の学房だけで対応できたのか。それとも、やはり、蕃山の「廬」にも寄宿舎があり、そこに寝泊まりしたのか、このあたりが判然としない。

六 「廬」はいつ、誰が撤去したのか

山田方谷が病没し、閉ざされた閑谷学校が、西毅一、中川横太郎、岡本巍らによって再興されたのは明治一七年である。同年には、坂田警軒が中司通明の依頼により「廬」の来歴を誌した「方谷山田先生遺愛碑」を撰文しているが、その碑文で警軒は「学校が再び閉鎖され、廬もまたまさに廃れんとす、郡人中司通明らは廬が泯滅に帰するのを恐れ、廬を徹して碑を建て…」と誌す。廬を撤去したのは中司通明となっているが、中司らが設けたとすれば当然であろうが、閑谷の学校会計により廬が建てられたとする見解をとれば、学校の所有物であるから撤去に要する費用も学校会計から支出されるのが通常であろうし、そうであれば会計記録に支出額と撤去日が記録されているはず。もっとも、草の「廬」と本瓦葺きの家屋とでは撤去の手間も経費も随分と異なるはず。

家屋は人が住まなくなると痛みも早く荒れるというが、築後一〇年、主人が利用しなくなって五、六年の建造物であり、慌てて撤去する必要があったのか。それとも老朽化が著しく、荒れ放題で見苦しい物件となってしまったのか。正楽寺に管理を依頼するという選択肢はなかったのか。「明治十六年に廬を撤去することが備中の方谷の門人から提案された」とする見解もあるが、建設に携わったわけでもない高梁から撤去を求める理由が果たしてあったのか。高梁の方谷門下は建物の姿を描いて残すことを発議しただけであろう。思うに、明治十年半ば、写真に収めることの提案はなかったのであろうか。

在りし日の蕃山の「廬」を訪ねた方谷の友人知人、門人、あるいは、世話人や関係者は少なくはないはず。そうした人たちが、書簡や日記などに「廬」のつくりや内部の様子などについて書き留めていないか、気になるところである。あるいは、山陽新報の片隅にでも関連記事がないか。茫漠とした「廬」の輪郭をいくらかでも縁取りたく、思案を巡らし、考えあぐねているところである。読者諸賢からの助言を請う次第である。

河井継之助と外山脩造の足跡をたずねて

高橋義雄（方谷研究会理事）

はじめに

私は当会会員の和仁守氏のご案内で、平成二八年一一月八日（火）から三日間、新潟県長岡市を訪問し、河井継之助と河井継之助の学僕外山脩造の足跡をたずねた。

文政一〇年（一八二七）、越後長岡藩（七万四千石）に生まれた藩士河井継之助は幼少より聡明にして剛胆、神童といわれた。嘉永五年（一八五二）、江戸で斎藤拙堂、古賀茶渓、佐久間象山等に師事した。安政六年（一八五九）七月、三三歳になって継之助は、藩政改革を成就して評判の高い備中松山藩の儒者山田方谷の門を叩く。そして陽明学と経世済民の実践を学ぶとともに、同門の三島中洲や進鴻渓等と親交を深め、切磋琢磨に努めた。

長岡に帰藩後、継之助は本格的に方谷から学んだ知行合一の精神を生かして藩政改革に着手し、藩の財政と領民の困窮を救う。しかし、慶応四年（一八六八）七月二五日、北越戊辰戦争において左膝を負傷し、八月一六日に享年四二歳をもって死去した。その碑文は中洲が撰文した。

河井継之助

その臨終の席にいたのが脩造である。脩造は天保一三年（一八四二）に現・長岡市栃尾の名主の長男として出生。侍を志望して継之助の学僕となり、北越戊辰戦争のみならず継之助の臨終まで仕えた。継之助は臨終に際して脩造に「今後は商人の時代だ。おみしゃんは商人になりやい」と告げた。

1　河井継之助・外山脩造・三島中洲の寄縁

脩造は中洲とも深い縁に結ばれる。中洲は幕府の昌平坂学問所に二度遊学しているが、安政五年（一八五八）の時は、教師として漢詩文を生徒に教授した。その生徒の中に脩造もいた。この時、中洲は継之助から脩造の世話を依頼され、脩造と親しくなった。こうして、継之助・脩造・中洲の間に堅固な人縁が形成されたのである。

明治維新後、継之助の言葉を胸に脩造は上京し、英語を学ぶ。そして明治六年（一八七三）に大蔵省に入省し、銀行課に配属された。

幕末に朝敵とされた備中松山藩は、明治二年（一八六九）、石高が五万石から二万石に大幅に減封された。そのため、旧藩士達は貧窮に陥り、高梁の経済は極度に疲弊する。中洲は新政府の要請により明治五年（一八七二）に上京し、裁判官として活躍していたので、高梁の現状を憂慮していた。そこで高梁の経済復興と産業振興のために、旧藩主板倉勝静等の出資を得て、明治一一年（一八七八）、高梁に第八十六国立銀行を設立する。その設立に際して、脩造が中洲を指導、その御陰で設立手続きが円滑に進む。中洲は脩造に大変感謝して、終生親交を結んだ。

私は彼らの足跡をたずねようと長岡市訪問を企画していた。その折に、和仁氏が貴重な情報を提供してくれた。それは脩造の大蔵省勤務当時の辞令等が特別展示されるという、私にとって望外の情報である。展示会場は継之助の終焉の地にある只見町河井継之助記念館（福島県会津郡只見町塩沢）である。同館は岡山から非常に遠いが、千載一遇の機会であり、長岡市内の河井継之助記念館も合わせて訪問すべく長岡市へ向かったのである。

2　長岡藩の幕末の激動と河井継之助及び外山脩造の動き

長岡藩の幕末の激動と継之助及び脩造の動静をみてみよう。

継之助は方谷のもとで、方谷の一挙一動を心に刻み、その意義を理解して肝に銘ずる。暫くして老中を務めている藩主板倉勝静の要請により、方谷は顧問として江戸へ赴く。その間、継之助は西国を巡歴し、長崎に落ち着いた。長崎で異国の情報や知識を得て、安政六年（一八五九）一〇月、方谷のもとへ戻り修学に励む。翌年三月二九日、方谷は別れに際して継之助の懇望に応じて、金四両で『王陽明全集』を継之助へ譲る。継之助は方谷の入門以来の懇切な指導に深く感謝しつつ、別離を惜しんだ。

継之助は長岡藩へ帰藩後、長岡藩の藩政について盛んに建言を行った。継之助は慶応元年（一八六五）、郡奉行に、翌年には町奉行に就任して、政務に手腕を発揮する。その手法は従来の藩法とは異なり、商売に徹する手法である。継之助は士魂商才こそ藩を救い、領民を幸せにすると説いた。方谷のもとで学んだ経世済民をひたすら実践し実績を挙げる。慶応四年（一八六八）四月には家老に就任した。継之助の政策が奏効して、正金一〇万両余りを貯えるに至り、連発式のガトリング砲等最新型の兵器を購入することができた。慶応四年（一八六八）五

河井継之助の終焉の間（只見町河井継之助記念館）

月二日、新政府軍が北越に進軍してきた。北越に進軍してきた新政府軍の土佐出身の血気盛んな若き軍監岩村精一郎と長岡藩軍総督継之助は慈眼寺（新潟県小千谷）にて談判した。傲岸不遜の岩村は継之助の中立の表明を受け入れず決裂。五月一〇日に開戦。継之助は奇策を用いて善戦したが多勢に無勢、七月二七日、戦闘中継之助は左膝に弾丸を受けて重傷を負う。担架に乗せられて長岡城下から福島県会津へ向かって険しい八十里峠を越えて逃走。現在の福島県会津郡只見町塩沢の医師矢澤宗益宅に投宿した。遂に膝の傷が悪化し、八月一六日に享年四二歳で死去したのである。

前述の外山脩造は大蔵省にて活躍中、元大蔵次官渋沢栄一の推薦で、大阪で大手の第三十二国立銀行を再建する。その功により、明治一五年（一八八二）新設の日本銀行初代理事大阪支店長に抜擢された。その後日銀を辞任して、継之助から授かった「世のため、人のため」に尽くせの言葉通り、新事業を興すため欧米視察に出かけた。欧州、米国等を巡り、熱心に最新知識を吸収した。帰国後、脩造は大阪貯蓄銀行や商業興信所、大阪麦酒会社（現・アサヒビール）、阪神

電気鉄道会社等次々と設立し、関西経済界の重鎮となる。その活躍ぶりから、東の渋沢、西の脩造と称された。

おみしゃんは商人になりやい－外山脩造の肖像
（只見町河井継之助記念館）

　このように活躍していたが、中洲より一一歳も年下の脩造が体調を崩し、大正五年（一九一六）、享年七六歳にして惜しまれつつ死去した。中洲は直ちに友情溢れる哀悼文を撰文し、高さ四・五ｍに及ぶ墓碑を栃尾にある生家の近くに建立した。

3　河井継之助記念館（新潟県長岡市）

　河井継之助記念館は二つあり、一つは長岡市の継之助生誕の地に建てられた長岡市河井継之助記念館、他の一つは継之助の終焉の地に建てられた只見町河井継之助記念館である。長岡市河井記念館は、長岡駅から北方向へ徒歩八分の、至近距離にある。只見町記念館は、昭和三七年七月に、長岡市河井継之助記念館は、平成一八年一二月に開館していて、両館の開館時期には四〇年もの差がある。これには深い事情があるようである。

　長岡市の河井記念館館長稲川明雄氏は私達に会うと開口一番、「私は元来、継之助が嫌いなのです」と、継之助に対する自身の心情を吐露した。私達は意外なこの言葉に非常に驚いた。私達は長岡市民はてっきり継之助を敬愛し、郷土の偉人として崇めているものと思っていたからである。

　稲川館長はこの事情を次のように話した。「私の心情は多くの長岡市民が潜在的に持っています。継之助は藩政改革を成功させた。しかし北越戊辰戦争において、長岡城下を全焼させた。継之助は粘り強く交渉して、戦いを回避すべきであったのではないかと、市民は未だに不信感を抱いています。このため、長岡市が市政一〇〇周年を迎えた平成一八年一二月に、やっと開館したのです。」

この話を聞いて、私は継之助が方谷のもとを辞去する時の逸話を思い出した。山田方谷は継之助に譲る『王陽明全集』の裏表紙に「王文成公全集の後に書して河井先生に送る」と一七〇〇字の送別の辞を記した。

「王陽明の学問を学ぶものは、この書物を精しく読むことが大切だ。王陽明の真の精神をこの書から覚らねばならない。もし誤って陽明学の精神を解釈違いをすれば、百害あって一利もないであろう。河井継之助よ。君は私のところへきたときは政事の志が高く、経済の仕組みを知ろうと鋭い質問をした。また、発言も功を求めようとする気持ちが多かったように思う。学祖王陽明のいう本当の義、学問は社会をよくするためにあるという仁愛を覚るようにしなければ、君は不幸な覚悟を遂げるかもしれない。」（稲川明雄著『風と雲の武士』二〇一〇年）方谷は継之助の気質を懸念していたのである。方谷の慧眼に改めて感心した。

稲川館長は、数少ない史料を丹念に収拾してきめ細かく考証を行い『風と雲の武士』ほか多数の良著を出版されている。稲川館長は私達に対する冒頭の発言とは逆に、継之助に限りなき愛着と尊敬を寄せているのである。稲川館長は継之助が正しく高く評価されることを願って「継之助の伝聞には誤解されていることも多い。それは多分敗軍であることも影響しているかもしれない。しかし業績をとっても、西の坂本龍馬に引けをとらないくらいの先見性を持っている。こういった継之助の不遇さについては、二松學舍大学を創設した三島毅や阪神電鉄を創業した外山脩造らがいつか再評価してくれるだろう」と記述している。（『風と雲の武士』）

司馬遼太郎は麒麟児の継之助に人間的魅力を感じ『峠』を著した。継之助が方谷に師事して、成長を遂げ、陽明学の実践を通して長岡藩の藩政改革を成就したことを描いた。司馬ファンは、長岡市河井継之助記念館と只見町河井記念館の両方を訪れるという。河井継之助の先を見通す大胆な思想と行動力に憧れる人は多いのであろう。

当館の展示品としての史料は北越戊辰戦争と第二次

大戦で殆ど焼失している。わずかに西国巡歴の際に書いた旅日記『塵壺』や旅先で買った蓑、司馬遼太郎の小説『峠』の自筆原稿等である。そのほかに北越戊辰戦争に登場したガトリング砲の模型、パネル等を展示している。窓からは継之助が暮らした当時の面影が残る庭を眺めることができる。

4　只見町河井継之助記念館（福島県会津郡只見町塩沢）

翌日、私達は小雨の中、午前八時に長岡市内を出て北上し、北陸道、関越道を通り会津若松に到着した。そして幕末に京都守護職を務めた松平容保の居城の鶴ケ城に立ち寄り、往時を偲んだ。その後、磐梯山を右手に見て磐梯自動車道会津坂下ICを降りて、国道二五二線を西へ走る。只見川に沿って山々を抜け、只見町河井記念館に向かって約五六㎞（約一時間二〇分）走る。周囲は見事な紅葉だが、鑑賞する余裕もない。雨が雪に変わる。只見町河井継之助記念館の閉館時間（午後四時）が迫る。道を迷いながらも閉館時間の三〇分前にやっと到着した。

私達が只見町河井継之助記念館の受付に立つと、受付の女性が私を見て、寸頓狂な叫び声を上げた。彼女の説明によると私が現れたのが奇跡と思えた由である。当日午前中に、彼女は脩造に関する展示品のうち、中洲の説明板を作成しようとして、中洲の情報をインターネットで検索した。すると中洲が脩造の墓碑銘を撰文したという私の文章を見つけた。そしてそれを参考に昼から説明板を作成しているところへ私が現れたから驚いたという訳である。私は彼女の依頼により、添削をする代わりに、閉館時間を延長して貰った。

同館には①「河井継之助の生涯」のパネル、②「ガトリング砲復元モデル」、③司馬遼太郎の著書の『峠』の世界」のパネル、④司馬遼太郎の揮毫の書「山水相應蒼龍窟」「壷中天」、⑤会津と越後を結ぶ交通の要衝の「八十里」のパネル、⑥河井継之助の写真や手紙及び周囲の人々の書、手紙等が展示されている。一階には河井継之助の終焉の間が移築されて、継之助のかみしもが立てかけてある。私達はその前に佇んで、継之助の「無念さ」を察して粛然と襟を正した。

同館では、今回、脩造没後一〇〇周年を記念して、「外山脩造の原点は只見にあり」と題して、脩造の辞令、遺品等を展示したのである。これらはいずれも脩造の研究者、金融史の研究者には垂涎のものばかりであった。このような貴重な史料を目にして大いに有益であった。

なお、只見町河井継之助記念館の建設の経緯は次の通りである。

昭和三七年から、只見川ダム建設が始まり、ゆかりの矢澤家の埋没が懸念された。そこで矢澤家当主の肝入りと塩沢地域住民の協力により、高台の風光明媚な地に瀟洒な外観の記念館が建設され、矢澤家の「終焉の間」が移築され、昭和四一年七月に開館したのである。

巨大な只見湖の畔に立つ只見町河井継之助記念館には終焉の臨場感をうかがおうと、小説『峠』の主人公河井継之助のファンが多数訪れる由である。只見湖周辺は春は桜、夏はキャンプ、春から秋には探鳥等で賑わう。しかし雪深い地帯なので冬は豪雪に被われて、一一月から翌年四月下旬迄は記念館は休館している。

高梁と非常にご縁がある長岡市及び只見町と両方の河井継之助記念館の訪問をお勧めします。

山田方谷没後一四〇年特別展「ほうこく先生が子どもたちへ伝えたいこと」を開催して

明石英嗣（吉備路文学館館長、方谷研究会理事）

明治一〇年（1877）、六月二六日午前八時、備中松山藩の改革に止まらず、日本そのものの改革に影響を及ぼしたと言っても過言ではない、郷土の偉人山田方谷が七三年の生涯を閉じた。終焉の地となったのは、方谷がわずか、十四歳の時に死別した母親進の出所小阪部であった。枕元には、自ら命がけで仕えた主君板倉勝静公より拝領した短刀と自身の道しるべでもあった『王陽明全集』を置かせた。

山田方谷が永眠して一四〇年目の二〇一七年、八月五日より一〇月二九日まで山田方谷没後一四〇年特別展「ほうこく先生が子どもたちへ伝えたいこと」を吉備路文学館で開催させていただいた。

吉備路文学館は、山田方谷の高弟、三島中洲らが設立した第八十六国立銀行をルーツに持つ岡山の地方銀行中国銀行がスポンサーの公益財団法人である。吉備路文学館では、岡山県内および広島県東部のいわゆる備後地区を「吉備路」と定義し、吉備路にゆかりのある文学者を顕彰している。山田方谷もそのうちの一人である。

一昨年、開館三〇周年を迎えた吉備路文学館にとって、また昨年三月より館長に就任した私にとって、山田方谷の考え方を改めて学ぶ良い機会と捉え、特別展開催を決断した。従って、私自身山田方谷が遺した数多くの漢詩を熟知しているわけでもなく、深く山田方谷の研究をしていたわけ

ガラス壁面看板(文学館として初の試み)

でもないので、今回の特別展では、私と同様に、「山田方谷をもっと知りたい」という、山田方谷を知るきっかけとなる展示を目指すこととした。また、会期がちょうど夏休みの期間中であることから、小中学生の子どもたちにも、近代日本の創造に多大な影響を与えた人物が岡山県出身の山田方谷であることを知ってもらうとともに、山田方谷の考え方や精神を受け継いでもらいたいとの願いを込めて展示企画をすすめた。

特別展観覧風景

吉備路文学館の特別展展示室は、一階の展示室約一二三㎡で、壁面三面と移動展示ケース四台を有し、展示室中央には移動式壁面となっている。今回の特別展では、壁面三面で山田方谷の七三年間を南一平氏原作の『まんが「山田方谷物語」』を使って解説した。これは、夏休みを利用した小中学生向きに考えたが、山田方谷をあまり知らなかった大人にも好評であった。幼少期に書いた奉納額「風月」「治国平天下」では、四歳の書に方谷の卓越した才能に感心され、母との別れに悲嘆に暮れる方谷が師丸川松隠に「将来の決意」を問われ答えたとされる「述懐」の原文に触れ涙する来館者もおられた。特に、この原文は丸川松隠自ら朱書きで添削され、冒頭の二句「父や我を生み母我を育つ　天や我を覆い地我を載す」部分には二重丸が付されており、方

「ほうこくん」と南方保育園のこどもたち

谷の才能の傑出ぶりがうかがえる。また、後の「藩政改革」などで板倉勝静公に仕えた時の考え方や精神の原点ともいえる、佐藤一斎から贈られた餞の言葉「盡己」の雄大な書は展示室の中でもその存在感を示していた。

後楽館高校の校外授業で訪れた高校生たち

　さらに、展示室中央の移動式壁面には、方谷が遺した数多くの漢詩のうち、真面目一徹の方谷には珍しい「ちょっとお茶目な」一面が垣間見れる漢詩を二九篇選定し、解説文とともに紹介した。選定や解説文策定にあたっては、現在岡山理科大学教育学部の奥野新太郎先生にお願いした。鑑賞いただいた方からは、方谷の人間味を感じさせる漢詩と好評だった。また、方谷が酒好きだったということで、愛用の大きな瓢箪を展示したが、弟子や門人たちと酒を酌み交わした姿を想像されたのか人気を博した。

　山田方谷に関しては、まだまだ勉強中の私ではあったが、夏休みの子どもたちにも来館いただき、また今回の特別展をきっかけに山田方谷に関する本を読んでみたいと言われた方々もおられホッと胸をなでおろした。今後とも、微力ながら、山田方谷のすばらしい考え方や功績を次の世代に引き継ぐ活動の一助となりたい。

山田方谷の「漢詩鑑賞」(第2回)

森　熊男(方谷研究会顧問)

左に掲げるのは、天保四年(一八三三)一二月、三年間の江戸での遊学が許可され、その旅立ちに際して方谷が郷里の弟に書き贈った七言律詩である。時に方谷、二九歳のことであった。

○将赴江都寄示家弟

「将《まさ》に江都に赴かんとして家弟に寄せ示す」

志高才短有無成
　志《こころざし》　高きも才短ければ、有《ま》た成ること無し
帰去計違還遠征
　帰去の計違《たが》いて　還《ま》た遠征す
愧我游蕩忝乃祖
　愧《は》ず　我は游蕩にして乃祖《だいそ》を忝《はずか》しむるを
憐而謹慎異阿兄
　憐む　而《なんじ》は謹慎にして阿兄に異なるを
堂萱霜重須加護
　堂萱《どうけん》　霜重し　須《すべから》く護《まも》りを加うべし
園菜冬荒莫輟耕
　園菜　冬荒る　耕を輟《とど》むること莫《な》かれ
何日三間瓦屋下
　何《いず》れの日か　三間《さんげん》の瓦屋の下
同被共語此時情
　同被《どうひ》　共に此の時の情を語らん

○江都―江戸のこと。○家弟―郷里の家業を守る、方谷より一〇歳若い弟・平人のこと。○帰去計―三度目の京都への遊学が二年五ヶ月の長期のものであり、帰郷を企図しながらも、引き続いて三年間の江戸遊学を許可されたことを指す。○乃祖《だいそ》―汝の祖。つまり、祖先のこと。○阿兄―兄を親しみ呼ぶ称。ここでは、方谷自身のこと。○堂萱《どうけん》―母親の居室。転じて、母親のこと。中国では北堂を主婦の居室とし、その庭に(憂いを忘れる花といわれる)萱《けん》草《そう》を植えたことから、母の呼称となった。○輟耕《てっこう》―田畑の耕作を休むこと。○三間《さんげん》―間口が三間の意で、小さな家、粗末な家の意。○同被―同衾。兄弟がしとねを共にして寝ること。

◎「江戸へ旅立つに際して、家を守る弟に寄せる」

志こそ高邁だが才能が伴わず、未だ何一つ成し遂げたものとてない／二年有余の京都遊学を終えて帰郷せねばならぬところが、予定に反して三年もの間、遠く江戸へと遊学することとなった／私は遊学に継ぐ遊学で金を遣い、ご先祖様になんとも申し訳なくも恥ずかしい／対するおまえは謹慎この上もなく、この兄とは異なっているのがなんともいとおしい／母上は霜をおいたように白髪が増えておられる故、神仏のご加護がありますように／冬場なので野菜畑は荒れるだろうから、よくよく耕作に努めておくれ／いつの日にか、小さな家の屋根の下で／おまえと一つのふすまに一緒に寝て、今の我が気持ちを語り合えるであろう。

　この詩の面白さは、「方谷ゼミナール ｖｏｌ５」に載せた、方谷志学の年になる「述懐」と対比させることによって初めて明らかになってくる。

　「述懐」に登場したのが「父母」であり、「鬱々として胸襟を啓《ひら》くに縁無し」と結ばれていたのに対し、ここでは「継母と弟」が登場し、「何日三間瓦屋下／同被共語此時情」と結ばれている。師に向けて答えた気負いと志学の歳ならではの初々しさに対して、家業を弟に押しつけて自分の好きな学問の道を邁進し続けている疚《やま》しさと、家業を一手に引き受けるだけでなく歳老いた継母への孝養を欠かさぬ弟の謹慎さと健気さとを第三・四句（五句目をも包み込んで）を対句にして詠い込むだけの人間的な深まり・落ち着きを見せる方谷がここにはいる。こうした対比とは別に、両詩を一貫しているのは、方谷の情愛の深さである。「いつになったら父母の恩愛に報いることができるであろうか?」と反問する若い方谷と而立の歳を迎える身ともなって、継母への心遣いと家業を継ぐ弟をいとおしむ方谷との間には、人間的深みに違いこそあれ、彼の情愛の深さは、寸分も衰えることが無いことが知られるのである。こと方谷の人となりを知るには、この一詩、避けては通れないのである。

　江戸への遊学に際して弟にこの詩を書き贈った折しも、方谷自身、志学の年に創った「述懐」を想起・回想していたのではなかったか。いずれにせよ、両詩を対比して読むことを通して初めてこの一詩を鑑賞できたと言えるのではなかろうか。

　蛇足となるが、この詩を読むにつけても、「対牀《たいしょう》風雪《ふうせつ》」なる四字熟語が頻りと思い出されるのである。

書評

『龍が哭く—河井継之助—』

秋山 香乃　平成29年　ＰＨＰ研究所

評／石井　保（高梁方谷会副会長）

『龍が哭く－河井継之助－』秋山香乃　平成 29 年　PHP 研究　定価 2100 円＋税

長岡市の友人から新聞の切り抜きが届いた。それは、新聞の連載小説秋山香乃著『龍が哭く』の切抜一五日分であった。これは同小説が終わるまで続いた。『龍が哭く』は河井継之助生涯の物語である。最初から備中松山藩山田方谷が登場する。理由を著者に聞くと「山田方谷あっての河井継之助だから」との返事、同単行本を購入と同時に高梁方谷会に諮り高梁方谷祭での講演を著者に依頼した。

秋山香乃氏は柳生新陰流居合道四段の腕前である。備中松山藩の御家流は柳生新陰流であり、まさに奇縁である。

さて、小説は長編であるが興味が湧く筋書きが次々と展開する。そのため、休憩なしに読みたい衝動にかられる。

江戸から山陽道、松山往来を通り、備中松山へ、雷まじりの土砂降りの松山川（高梁川）の傍らの道を通り備中松山へ、この荒れる川の凄さに「命があれば世に尽くせ、死すれば天は必要なしと」—継之助の覚悟が判る一瞬でもある。（旧暦七月—台風か）

山田方谷を中井長瀬へ訪ねて、長岡藩の窮状を詳細に語る前に、その原因を指摘され、他と異なる別格の人との印象を持った。また、正しい事、創意ある事業を主張すれば相手に通じると思う継之助に、それに誠実さが必要と指摘し、至誠惻怛の理念を学ぶ継之助、長岡藩の窮状は賄賂、賭博の横行で代表され、それを根絶する行政のあり方も学ぶ、方谷に従い学ぶ継之助は今までに学び得なかった数々の道を会得して行った。継之助の宿備中松山藩御茶屋（通称水車）での門弟進鴻渓、三島中洲などとの交流、周辺農家の差し入れなど人間的な大きさを得る機会が与えられた。

長岡を救いたい一心で方谷の門を叩いた継之助、学んだ藩政改革を三年間で成就した。

戊辰の役が勃発し、佐幕、討幕どちらの道も長岡の民を苦しめると考え、平和な独立国を理想として討幕方と小千谷での談判に臨み、決意を披瀝するも叶わず藩民を守ることを唯一とした継之助の士の道はここに終わる。奥羽連藩同盟に加入し、新政府軍と戦うも衆寡敵せず長岡城は落城する。再度長岡場への入城を試み、遂に城を奪還する。しかし、再び長岡城は落ち、自らも負傷する。

八十里峠を通過し、主君の在る会津へ行く途中の只見村で死を悟り、共に会津に向かう商人吉兵衛に「河井継之助は最後まで方谷先生の教えに従ったと伝えてほしい」と告げる。（後日、吉兵衛は方谷に伝える）

夕刻になると中秋の名月が輝き、周りを照らす。煌々と照る月を眺めながら継之助は方谷先生に学んだこと、友と語り明かしたことを思いながら静かに目を閉じた。（慶応四年八月一六日—旧暦）九月八日から明治となり、新しい時代も過ぎて行く。

山田方谷作　碑《いしぶみ》を書くも恥かし死に遅れ
　　—継之助をどれだけ思っていたか—
河井継之助作　八十里腰抜け武士の通る道
　　—身が自由にならず、藩民を救えないもどかしさ—

また、『龍が哭く』には妻すが子も多く登場する。困難にめげない美しい女性の姿が描かれている。

『義の人西郷隆盛 誠の人山田方谷』
みの ごさく　平成29年
幻冬舎メディアコンサルティング

『藩の借金200億円を返済し、200億円貯金した男、山田方谷』
皆木和義　平成29年　柏書房

評／片山純一（方谷研究会代表）

平成29年、幻冬舎メディアコンサルティング、211頁、定価1200円＋税

今年、明治維新から一五〇年目の平成三〇年のNHK大河ドラマは「西郷どん」。書店には西郷隆盛を中心に幕末維新関連本がところ狭しと並ぶが、そのなかにあって唯一、本のタイトルに山田方谷が登場するのが最初に紹介する作品である。

著者のみのごさく氏は、官界、金融界、実業界などで幅広く活躍し、要職を歴任し、一方で佐藤一斎や下田歌子、杉浦千畝などの人物論、評伝もてがけて夙に定評があり、平成二八年には「山田方谷の再建策は日本経済を救えるか」を電子書籍で出版。そして今回は、維新回天最大の功労者である西郷隆盛を「義の人」として論じ、同じ陽明学徒の方谷を「誠の人」として紹介したのが本書である。

方谷は文化二年（一八〇五）生まれ、かたや西郷は二三歳年下で文政一〇年（一八二八）生まれ。両者に共通するのは、明治一〇年（一八七七）の没年だけではなく、前述したように陽明学の学統に位置づけられ陽朱陰王とも称される佐藤一斎を師とすること。但し、方谷は江戸の一斎塾で師の謦咳に接したのに対し、西郷は直接教えを受けたことはなく、一斎の著述である「言志四録」を文字どおり座右の書とし、拳々服膺して自らの血肉とした。著者はその成果として、江戸上の無血開城、箱舘戦争における敵将榎本武揚の降伏受け入れ、備中松山藩による藩主板倉勝静の外国船による救済の容認などをあげ、これらはいずれも西郷が一斎の「言志四録」に学んだ「恕と譲」の精神の発露であるという。

一方、方谷については、藩政改革の一つである藩札の信用回復を紹介して、それを佐藤一斎の「言志後録」の「信を人に取れば、即ち財足らざることなし」の実践であると捉え、また、方谷が「理財論」で「義」と「利」を峻別し、理財を司る者は財の外に識見を立てることを説くのは、一斎の「重職心得十七箇条」に通じるものがあるとみる。さらに、「学問をするには正真な態度で接すること、これが全てである」という方谷の教育観も、佐藤一斎の「言志録」と軌を一にすると指摘する。

そして、著者の本領ともいえるのが、方谷の事績を現代社会が直面する問題に引き寄せて論じていることである。一例を紹介すれば、方谷が財政再建により削減された武士や俸給カットによる余剰人員を、新田開発や殖産興業に振り分けたことに着目。著者はこれを実質的な成長分野への労働力の巧みな誘導と解釈し、これは人口減少期における経済成長のための労働力確保といった今日的な課題解決に向け、外国人労働者の大量導入よりも国内労働力の流動化を考えるべきであることを教唆してくれるという。その他、方谷が取り組んだ公共事業や産業振興策、士民撫育などには、現代の格差是正を考える上での大きなヒントがあることを読者に示してくれる、そう、本書は、方谷から学ぶべきものをピックアップし、現代風にアレンジして読み解く術を指南してくれる書でもある。

「敬天愛人」を信条とする西郷隆盛と、「至誠惻怛」で知られる山田方谷。現在のところ残された記録では両者の邂逅は確認出来ないが、佐藤一斎門下生としての両人を、師の教えを時代の局面でいかに実践したか比較検討することで、それぞれの特色が際立ち興味深いものがある。最後に、両人の共通点を本書からもう一点紹介しておく。「策謀は、西郷と同じく、方谷が最も排除するところである」

さて、次に紹介する作品は、ポスターやチラシのキャッチコピーのような大胆で刺激的なタイトルで一

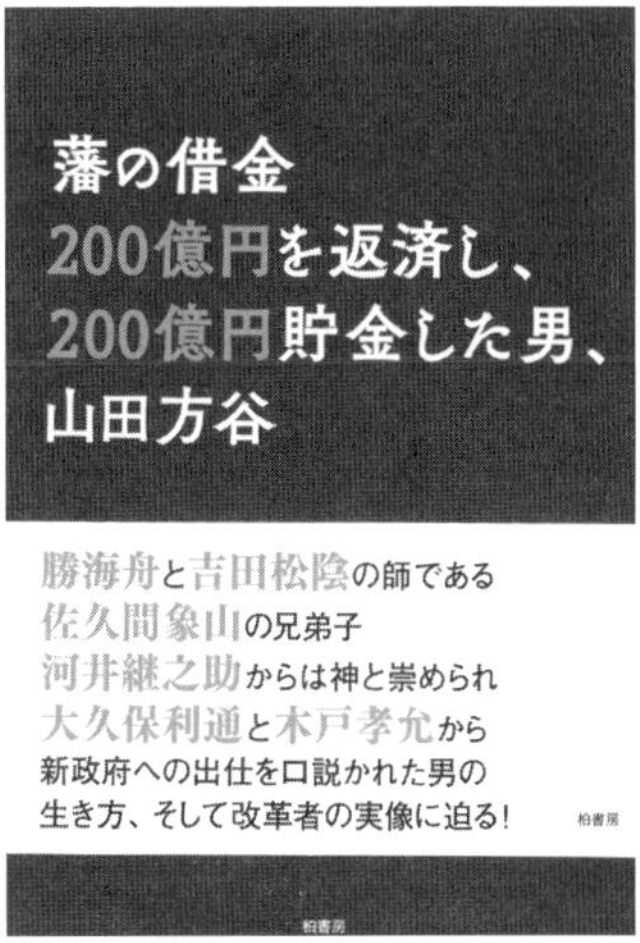
藩の借金
200億円を返済し、
200億円貯金した男、
山田方谷
勝海舟と吉田松陰の師である
佐久間象山の兄弟子
河井継之助からは神と崇められ
大久保利通と木戸孝允から
新政府への出仕を口説かれた男の
生き方、そして改革者の実像に迫る!
柏書房
柏書房
平成29年、柏書房、234頁、定価1700円＋税

瞬目を見張るが、山田方谷の功績をこれほど端的に書名とした作品も珍しいのではなかろうか。財政改革を成し遂げた方谷の手腕、そのキャリア形成過程に経営やマネジメント、経営改革、企業再建のヒントを探り、また、その礎となるキャリアを若年期にいかに形成していくか、これが本書の狙いと著者はいう。そして、方谷が取り組んだ財政再建を、昨今の企業のリーダーが会社経営に導入した手法と比較しながら検証する。

　例えば、人材育成では、ことあるたびに幼い方谷にお家再興を託し期待する母親の願いを生涯忘れず、実現させた方谷の親孝行力に注目、マヨネーズで知られるキューピーの社訓「親を大切にすること」を引き、創業者中島董一郎の考えをこう紹介する。「親孝行のできる人とは、人の行為をありがたく感じ、それに報いることのできる人です。そういう人の周囲には、また好意を持って接してくれる人が集まり、その会社は自ずから発展するはずです」。また、著者は教えを受けた京セラ創業者の稲森和夫の経営12カ条の一つ「強烈な願望を心に抱く、潜在意識に透徹するほどの強く持続した願望を持つこと」に、方谷の母の願いが強烈な願望になったことを重ね合わせ、こう説く。「母の訓は、人を伸ばし成長させるには、その人の可能性に期待し、それを伝え続けることの重要性を示している。現代の企業の人材育成でも子どもの教育でも同様であろう」と。そして、企業は苦境に陥った時には3K（交際費、広告費、教育費）を削減し、切り詰めて立て直しを図る場合が多いが、方谷の両親の姿勢は、人材育成の教育だけは怠ってはならないということを示唆しているのではないかという。

　また、財政改革の藩札刷新では、信用を失った藩札の買い戻しを現代風に藩札のリコールとも言い換える著者は、方谷が英断した高梁川河川敷における回収した紙幣の焼却処分を紹介する傍ら、視野を広げて明治初期に暴落した生糸の価格回復のために渋澤栄一が敢行した「蚕種焼却」、あるいは、昭和初期に御木本幸吉が断行した「粗悪養殖真珠の焼却」といった事例を紹介して、彼らの心の内と戦略が山田方谷と同様のものだったという。改めて方谷の藩札刷新の手法がリーディングケースとして歴史に位置づけられるものであったか納得させられる。著者は続けて、信用を回復した後に一新したことを周知せしめることも肝要であるとして、定食の大戸屋の新ビジネスモデル考案に参加した自身の経験を披露しながら説明を加える。

さらに著者は、産業振興策として、方谷が領内の特産品を大消費地江戸へ直送して利益をあげたことを流通革命と捉え、これを現代でいえばＳＰＡモデルに匹敵するものといい、その代表例としてユニクロ、ファーストリテイリングをあげる。そして、この流通革命のための条件整備として、方谷は公共事業で水運を開いて物流を促し、領民を工事に雇い、藩士の俸禄カットを緩和あるいは借上米を戻し、購買力を高めて需要を創出したが、その根幹には士民撫育～下方の領民が潤い富めば、自然に上下ともに富むようになり、ひいては藩、国全体が富む～との思想があったと分析する。転じて現代にあっても、成功原理や発展原理は方谷の当時と何ら変わるところはないとして、方谷の藩政改革の核心を「士民撫育と至誠惻怛のマネジメント」と総括する。

このように、著者は方谷の藩政改革、財政再建を企業家の視点で考察し、そのベクトルは方谷の生きた時代と現代とを縦横に行き来し、方谷の経営手腕の斬新さを浮き彫りにすると同時に、その手法、根本的な考えは現代にも十分通用することを再確認させてくれる。本書には、パソナニック創業者の松下幸之助、アサヒビールの樋口廣太郎元社長、電力の鬼と称された松永安左ヱ門の名前や、外食産業のすかいらーくやマクドナルドも登場し、時には心理学者のマズローの説を紹介するなど、経営コンサルタントにして作家、歴史研究家で、経営者のマネジメントに関する本も多く手がけた著者ならではの知見が散りばめられた作品である。企業人のみならず、多くの方谷ファンにお勧めしたい一冊である。

方谷研究会役員会の報告

一・会則

方谷研究会会則

1、本会は方谷研究会と称する。
2、本会は方谷に関する研究とその成果の普及を図ることを目的とする。
3、本会は上記の目的を達成するため、次の事業を行う。
　1　山田方谷に関する調査と研究
　2　研究会、講演会などの開催と啓発活動
　3　会誌、論文集及び収集資料の出版
　4　その他本会の目的達成に必要と認める事業
4、本会は年会費1000円を納める者をもって組織する。
5、　1　本会には次の役員を置く。
　会長　一名
　代表　一名
　理事　若干名
　監事　二名
　2　役員は会員から選出する
　3　役員の任期は三年とする。但し再選は妨げない。
　4　役員の職務は次の通りとする。
　①会長は会を代表し会務の全体を統括する。
　②代表は会長を補佐し（会長に事故がある時はこれを代行する）、役員会を招集して業務を統括する。
　③理事は役員会に参加し運営を行う。
　④監事は会計及び業務の監査を行う。
6、役員会は代表が召集し、次の業務を行う。
・企画委員会……会の総合的な運営とそれに必要な事項の決定
・会誌・論文集編集委員会……会誌及び研究論文集の編集と発行
・調査・研究委員会……山田方谷関連史料等

の調査・研究

（なお、各委員会の運営は別に内規に定める）

7、本会の会計年度は四月一日から翌年三月三十一日に至る期間とする。

8、総会は年一回開催し、総務・会計の報告を行いその承認を求める。なお、総会は会長がこれを招集する。

9、研究会は年一回以上開催して、会員の研究成果の交流を図ると共に、会員相互の情報交換をはかる。

10、本会に顧問を置くことができる。顧問は役員会の推薦によって会長が委嘱する。

11、本会の事務局は、
岡山市北区丸の内2丁目11―22　吉備人出版
（〒700-0823　電話 086-235-3456　FAX086-234-3210）

12、本会会則の変更は役員会の決議によるものとし、その後の総会にはかるものとする。

（2007・3・12制定、2012・6・30改定、2013・5・11改定、2017・10・15改定）

二、役員の構成（敬称略・五十音順）

会長・朝森　要、代表・片山純一

1、企画委員会（理事6名）

※企画（総務・研究会）、庶務（名簿・案内）、会計

◎明石英嗣

○小柳智裕

金澤健吾、田中里味、野崎紀子

2、会報・論文委員会（理事3名）

◎坂本　昇

○横山　定

3、調査・研究委員会（理事3名）

◎高橋義雄

○多和史彦

4、監事（2名）

難波俊成、猪原千恵

顧問（13名）

石井　保、上田賢一、岡田克三、
児玉　享、角南勝弘、野島　透、
藤井義和、森　熊男、山田　敦、
渡辺道夫、和仁　守

三、平成29年度活動実績及び決算報告

㈠活動実績

・理事会及び編集会議開催…平成29年6月7日
平成29年9月27日
平成29年11月22日

・会誌『山田方谷ゼミナール』VOL5の発行

・総会・研究会を開催……平成29年10月15日
於・岡山シティミュージアム講義室
朝森要・児玉亨・吉田公平氏発表

・調査……………平成29年7月2日
山田方谷の書状等関連史料の調査（高梁方谷会、方谷さんを広める会等に同行し、鳥取県日南町の木下家訪問）

・文化活動助成申請……福武教育文化振興財団へ助成申請
平成30年度の助成決定（助成金10万円）の通知を受ける

㈡収支決算報告

平成29年度収支計算書（平成29.4.1 ～ 30.3.31）

	予算	決算	
収入の部			
⑴前年度繰越金	521,115	521,115	
⑵会員会費	70,000	75,000	
⑶参加費・資料代	85,000	67,500	
⑷助成金	100,000	100,000	
⑸雑収入（利子）	50	2	
⑹会誌売上	55,000	69,600	
計	831,165	833,217	(A)
支出の部			
⑴理事会費	10,000	0	
⑵総会・研究会場借上	15,000	10,640	
⑶宣伝費	10,000	8,925	
⑷会誌制作費	250,000	250,000	
⑸会誌送料	10,000	6,372	
⑹事務経費（通信費等）	10,000	30,568	
⑺研究会発表者資料代	21,000	13,000	
⑻調査費	100,000	0	
⑼次年度繰越	405,165	513,712	
計	831,165	833,217	

* 通帳残額 86,714円 + 口座振替残額 426,998円 =513,712円

四、平成30年度事業計画及び収支予算（案）

㈠事業計画

・総会・研究会・交流会の開催

２０１８・10・27（土）13：00～

於岡山シティミュージアム４階講義室他

・会誌『山田方谷ゼミナール』ＶＯＬ６の発行

・山田方谷関係史料の調査

㈡収支予算（案）

平成30年度収支予算書（平成30.4.1～31.3.31）

収入の部

(1)前年度繰越金	513,712円	
(2)会員会費	70,000円	（@1,000円×70人）
(3)研究会参加費	45,000円	（@1,000円×10人）
		（@500円×70人）
(4)資料代	40,000円	（@500円×80人）
(5)助成金	100,000円	（福武教育文化振興財団）
(6)雑収入（利子）	10円	
(7)会誌売上	50,000円	（@1,000円×50冊）
計	818,722円	

支出の部

(1)理事会費	10,000円
(2)研究会会場費	15,000円
(3)研究会宣伝費	10.000円
(4)会誌制作費	250,000円
(5)会誌送料	10,000円
(6)事務経費	30,000円
(7)研究会発表者資料代等	21,000円
(8)調査費	100,000円
(9)次年度へ繰り越し	372,722円
計	818,722円

予告

平成30年（２０１８）方谷研究会総会・研究会等のご案内

一、日時　10月27日（土）13：00～

二、会場　岡山シティミュージアム４階講義室

（岡山市北区駅元町15―1）

三、内容

①和仁　守氏（方谷研究会顧問）

文久の改革と山田方谷―山陵修補の件―

②皆木國義氏（元岡山県建築士会事務局長）

備中松山藩御茶屋「水車」の実像にせまる

③岡田克三氏（方谷研究会顧問）

方谷山田先生の遺蹟碑について

交流会

17時30分～

四、参加費

参加費１５００円（会員１０００円、資料代５００円を含む）

編集後記

「明治一五〇年」の今年――。講演会や企画展示など、この節目の年を記念した様々な企画が実施されています。県内でも「知ってる？　岡山の近代化遺産」（県立図書館）や「一五〇年前のおかやま」（県立記録資料館）をはじめ、「幕末・維新期の岡山」（県立博物館）といった催しが、そうした関連イベントの一環であろう。これら明治の意義を再認識する気運が盛り上がるさなか、本年も「山田方谷ゼミナール　Vol. 6」をお届けいたします▼この会報誌には、当会の朝森要会長による「安政の大獄と山田方谷」に関わる論考を収載しています。江戸幕府が尊王攘夷派に対して加えた弾圧で、井伊直弼は反発を買い、桜田門外の変へと繋がっていった出来事について幕府権威衰退を招いた一大転機とした上で、その後の政局に与えた影響を老中・板倉勝静と方谷の動向とあわせ考察してます。まさに時宜を得た報告論文で、同じく吉田公平・東洋大学名誉教授の「山田方谷の陽明学について」を併読し、ご参照ください▼一方、明治維新後の方谷はその晩年をゆかりの地である高梁・長瀬塾や新見・小阪部塾などで過ごして教育に専念した。そんな方谷の人づくりの功績として取り上げたのが児玉亨・高梁方谷会副会長の「山田方谷と福西志計子」。ご存知のように福西はキリスト教精神に基づき、県下初の女学校、順正女学校を創設した人物としてつとに有名ですが、女子教育普及に果たした福西の足跡が丹念に跡付けられています▼また、幕末に活躍した儒者で備中の人、関藤藤陰と方谷の交流を多くの史料を引用しながら考察した研究ノートや、河井継之助と外山脩造の足跡を新潟、福島両県の記念館まで足を延ばして訪ねたエッセイ・探訪の力作も得ました。ともに長年の課題や夢を追っかけた意欲的な報告です。どうぞ、ご一読ください▼節目の今年は、これからも関連諸行事が相次ぐことでしょうが、幕末や明治の時代精神を過度に美化することなく、方谷の生きた歩み、考え方を次代へつなぎ、学び直すことは大変意義深いことだと思います▼最後に、この編集作業中に起きた西日本豪雨災害で被害に遭われた方々に謹んでお見舞い申し上げますとともに、一日も早い被災地の復興を願っています。

（坂本　昇）

方谷研究会

山田方谷の業績や足跡について、調査発掘を行い、歴史学的研究とその成果の普及を目的とする研究会。朝森要元吉備国際大学非常勤講師（研究会会長）や故・太田健一山陽学園大学名誉教授（研究会元代表）らが発起人となり、2012年6月に設立。教育者や歴史愛好家、会社員や公務員をはじめ、山田方谷に関心を寄せる有志が会員となり相互に研究と交流を図っている。

山《やま》田《だ》方谷《ほうこく》ゼミナール　Vol. 6

2018年8月7日　初版第一刷発行

編　集――方谷研究会
発行人――代表　片山純一
方谷研究会事務局（吉備人出版内）
発　売――吉備人出版
〒700-0823
岡山市北区丸の内2丁目11-22
電話086-235-3456　ファクス086-234-3210
振替01250-9-14467
メール books@kibito.co.jp
ホームページ http://www.kibito.co.jp/
印刷所――株式会社三門印刷所
製本所――株式会社岡山みどり製本

ISBN978-4-86069-555-2 C0021

本書の刊行及び「方谷研究会」の活動に対して
「公益財団法人福武教育文化振興財団」の助成をいただいています。

公益財団法人福武教育文化振興財団